编委会

主　编

翟秀刚　梅继开

副主编

王声明　张耀武　邱望清

编　者（按姓氏笔画排列）

王洪军　云晶晶　邓南亚　石怀宇　叶爱玲
朱云松　刘　伟　闫　涛　李　芳　李宏武
杨　光　杨德芹　吴鹏宇　邹柏松　张丽利
陈华科　郑晓燕　胡玉梅　贺金莲　黄　海
黄海军　曹建强　谢　兵　管俊宏　樊江平

研学旅行在宜昌系列丛书

研学旅行在宜昌·课程篇

宜昌市研学旅行优秀课程汇编

翟秀刚　梅继开 ◇ 主编

华中科技大学出版社
http://www.hustp.com
中国·武汉

内容提要

本书为宜昌市研学旅行优秀课程汇编,入选课程均为宜昌市国家级、省级、市级优秀基地(营地)原创课程,依照历史文化、自然生态、劳动教育、国防科工、国情教育五大板块进行分类整理和汇编。

图书在版编目(CIP)数据

研学旅行在宜昌:课程篇.宜昌市研学旅行优秀课程汇编/翟秀刚,梅继开主编.—武汉:华中科技大学出版社,2021.7
 ISBN 978-7-5680-7168-0

Ⅰ.①研… Ⅱ.①翟… ②梅… Ⅲ.①教育旅游—活动课程—课程设计—中小学
Ⅳ.① G632.429

中国版本图书馆CIP数据核字(2021)第124406号

研学旅行在宜昌·课程篇 宜昌市研学旅行优秀课程汇编	翟秀刚 梅继开 主编

Yanxue Lüxing zai Yichang·Kecheng Pian

策划编辑:汪 杭 李 欢
责任编辑:汪 杭
封面设计:原色设计
责任校对:刘 竣
责任监印:周治超

出版发行:华中科技大学出版社(中国·武汉)   电话:(027)81321913
        武汉市东湖新技术开发区华工科技园   邮编:430223
录 排:华中科技大学惠友文印中心
印 刷:湖北恒泰印务有限公司
开 本:787mm×1092mm 1/16
印 张:13.75
字 数:284千字
版 次:2021年7月第1版第1次印刷
定 价:69.80元

本书若有印装质量问题,请向出版社营销中心调换
全国免费服务热线:400-6679-118 竭诚为您服务
版权所有 侵权必究

序

  自 2016 年教育部等 11 部门联合印发《关于推进中小学生研学旅行的意见》以来，研学旅行已如雨后春笋在全国迅速发展，成为一个炙手可热的新行业、新领域，市场呈现出井喷之势。近几年来，教育部以及其他各部委、全国各省市自治区政府高度重视研学旅行，并取得了一些成功经验，形成了一些可推广的模式和做法，呈现出一些初步发展阶段的新特点。

  从宏观层面来看，目前已经初步形成了全国的研学旅行布局。从 2017 年到 2018 年，教育部在中央专项彩票公益金的支持下，分两批在全国遴选命名了 621 个国家级研学实践教育基地和营地，构建起了以营地为枢纽、基地为站点的研学实践教育网络，并且建立了全国中小学生研学实践教育平台。

  从中观层面来看，目前研学旅行已经得到规模化推进。据教育部教育发展研究中心研学旅行研究所 2018 年对全国 31 个省市自治区（不含港澳台）进行的中小学生研学旅行实施情况调研结果显示，2017 年全国学校平均参与率为 38%，2018 年已经达到 50% 以上。在快速推进过程中，已形成了一些富有特色的地方经验，例如陕西西安模式、湖北宜昌模式、河南郑州模式，等等。以湖北省为例，初步形成了以教育部和省教育厅命名的中小学生研学实践教育营地、基地为主体，以市州县市区多渠道自建基地、青少年校外活动中心、乡村学校少年宫等为一翼，以教育系统外举办的各种未成年人校外活动场所如科技馆、博物馆、革命传统教育基地、游学景点等为另一翼的"一主两翼"格局。在宜昌，形成了政府（市教育局）统筹＋学校＋基地（营地）＋家长委员会＋旅行社的"1+4"运行管理模式。

  从微观层面来看，目前研学旅行的精品课程开发、线路设计、评价体系等正在初步成形。在全国各地形成了以历史文化、自然生态、劳动教育、国防科工、国情教育五大板块为主题的一批精品课程和精品线路。例如，宜昌的生态小公民课程就得到了习近平总书记的充分肯定。

当然，毕竟中小学生研学旅行政策从发布到实施只有短短几年的时间，在快速推进的过程中，也面临着一些亟待解决的问题，特别是在市场力量的推动下出现了旅游化、形式化、碎片化、功利化等倾向，在课程开发、师资培训、标准评价、制度管理和保障机制等方面亟须专业引领。为了加强对研学旅行工作的指导和研究，教育部教育发展研究中心于2018年专门成立了研学旅行研究所，从研学实践教育的政策理论、课程设计、教师队伍建设、管理标准与评价制度、安全与经费保障机制等方面开展重点研究，对全国的研学旅行把脉问诊，旨在构建研学旅行理论研究、实践探索、经验提升、问题解决、成果总结等的研究交流与实践指导平台，为全国研学旅行事业的健康发展提供全方位的政策理论咨询与实践指导。

宜昌作为全国第一批国家级研学实践教育营地所在城市，不仅有丰富的自然资源，更有着厚重的历史文化积淀，在研学旅行方面具备得天独厚的条件和优势。教育部文件下发后，宜昌市委市政府和各部门高度重视研学旅行，积极响应国家号召，宜昌市教育局迅速出台了《宜昌市中小学生研学旅行试点工作实施方案》，研究制定了"1+4"管理模式，即市政府统筹、市教育局牵头成立领导小组和协调小组，中小学校、家委会、营地基地、旅行社四个方面有机结合，协调推进；领导小组统筹全面工作，定期研究解决工作中的重难点问题；中小学校将研学旅行纳入学年（期）教学计划，确定研学主题，制定工作方案；家委会联合学校确定研学线路、承办旅行社和收费标准；营地基地加强设施建设，研发研学课程，组织课程实施，做好科学评价；旅行社具体承办研学旅行策划、交通、食宿和营地基地协调等服务工作。各方共同制定安全预案，实现无缝对接。经过各方面的共同努力，宜昌市的研学旅行工作呈现出了良好的发展态势，宜昌市青少年实践教育基地被列入教育部重点支持的示范营地，其工作受到了各方面专家的肯定，其经验也确实值得其他地方学习借鉴。

第一，积极发挥教育行政部门的主导作用。在统筹谋划、系统推进上下功夫，整体构建了县（市）地域层面推进研学旅行发展的综合管理体系，建立了政府主导，部门协同，学校组织，家长和社会共同参与的工作格局。宜昌市教育行政部门牵头，主动作为，压实主体责任，加强对研学实践教育基地（营地）的组织管理，加强对教师的专业培训，加强对旅行社的资质认证，加强对评价和保障体系的制度建设，有效避免低效旅行，努力实现高质量研学。

第二，切实加强研学旅行的课程管理。从省域层面而言，湖北省率先出台了《湖北省中小学生研学旅行课程指南（试行）》。根据11部委印发的《关于推进中小学生研学旅行的意见》和教育部印发的《中小学综合实践课程指导纲要》，对研学旅行的课程理念、课程内容、组织原则、课程实施、课程评价、课程管理等提出了明确要求，特别明确了研学旅行的课程定位、性质、各学龄段课程目标、课程开发等具体内容要求。

第三，努力构建研学旅行的评价体系。例如，制定了《宜昌市中小学生研学旅行课程评价实施指导意见》，有效监控研学旅行全过程中的主题、步骤、方法、实施及效果，有的放矢推进课程化建设，制定了多维度的考核评价体系。不仅关注学生参与研学实践活动的过程，着眼于评价学生在活动过程中表现出来的探究意识和发现、解决问题的能力及对自然、社会、他人的态度和在实践活动中的合作精神等，而且评价体系本身包括评价主体、评价内容、评价方式、评价程序、评价结果等；在评价方法上，更多采用过程性评价、描述性评价、结果评价等。

第四，大力推进研学教师的队伍建设。教师是保证研学旅行育人质量的关键因素，只有真正形成具有专业素养的研学教师团队，才能保证研学旅行课程落地，才能确保研学旅行的育人效果，推动研学旅行不断向更高水平发展。在这方面，宜昌市从研学管理队伍、研学导师队伍、研学专家队伍、研学服务队伍等各方面大力推进教师队伍的专业化建设。建立健全研学教师的培养培训机制，开展对研学旅行专职或兼职教师和相关人员的全员培训，也包括对教育行政部门工作者及校长、基地（营地）教师的培训，尽快提升教师的课程资源开发和利用能力，以及观察、研究学生的能力等，以不断提高研学旅行师资队伍的专业素养，努力提升研学旅行的育人质量。

第五，逐步完善研学旅行的保障机制。牢固树立安全第一、预防为主的理念，精心制定周密的安全保障方案和意外防范体系，明确教育、旅游、交通、食品卫生、保险等各方的权责，逐步建立一套制度严密、管理规范、责任清晰、经费共担、保障安全的工作机制。在政策顶层设计下，加强规范建设，特别是立足研学旅行基地（营地）的管理规范，对课程质量、督导评价、师资队伍、收费标准等进行制度化建设。

当前研学旅行还处于初步发展阶段，各种疑问和困惑在所难免，在此，宜昌模式为我们提供了一份可供借鉴的样本。既总结了研学旅行的实践经验，也提供了理论思考；既介绍了具体的环节、步骤和程序，也提供了详细的途径、方式和方法，对推进研学旅行具有重要的参考价值，很值得大力推广。

"凡事预则立，不预则废"，任何新生事物都有一个不断发展、壮大、完善的过程，在中国的研学旅行事业起步发展之际，让我们共同期待全国不断涌现出更多的好经验、好做法、好模式，为构筑社会实践教育体系提供支撑，为加快形成更高水平的人才培养体系、培养德智体美劳全面发展的社会主义建设者和接班人做出积极的贡献。

王晓燕

教育部教育发展研究中心首席专家、实践教育（研学旅行）研究所所长

  2016年11月,教育部等11部门联合印发《关于推进中小学生研学旅行的意见》,湖北省教育厅等14个部门迅速拟定了实施意见,确定宜昌为全省8个"研学旅行"试点地区之一。宜昌市委市政府对研学旅行工作高度重视,市教育局积极响应,联合文旅局、发改委、交通局等政府职能部门,对全市中小学校的实践教育状况、全市的研学旅行资源、校外教育的配套条件、旅行社工作现状等方面开展了全面深入的调研。通过调研明确了思路,统一了思想,形成了宜昌研学旅行"1+4"管理模式,"1"即市研学旅行工作协调小组统筹协调,"4"即学校、家长委员会、基(营)地和旅行社四个方面参与。市研学旅行协调小组由市教育局牵头,发改、公安、财政、交通、文旅、市场监督管理、保监、共青团、铁路等部门参与,全面统筹研学旅行工作,定期研究解决重难点问题;学校将研学旅行纳入教学计划,制定实施方案;家长委员会审定研学方案,确定收费项目和标准,组织服务单位招投标并安排家长志愿者全程参与;基(营)地加强课程开发和研学导师队伍建设,提供优质课程;旅行社负责组织协调,提供交通、食宿等方面的服务。四方联合参与研学旅行全过程,实现无缝衔接,确保活动安全。

  在市研学旅行工作协调小组的统筹协调下,各县市区积极筹划,有条不紊地启动了研学旅行工作。大多数中小学校高度重视,精心组织,研学旅行活动有序开展,方兴未艾。我们还加强与全国各地区研学实践基(营)地之间的互联互通,实现优势互补、资源共享。先后与省内的襄阳、荆门、荆州、十堰、黄冈、神农架等市州和省外的北京、上海、西安、长沙等地的营地建立合作关系,共同搭建全国中小学生研学实践活动的大舞台。研学旅行在宜昌已经蔚然成风,成为促进学生德智体美劳全面发展的重要途径和载体,成为落实立德树人根本任务的教育新常态。作为湖北省研学旅行工作的试点地区，宜昌研学旅行模式逐渐成为湖北省的典型和示范。2019年3月，教育部教育发展研究中心举办全国中小学生研学旅行理论与实践发展论坛，宜昌市教育局被特邀做专题发言；2019年7月，教育部教育发展研究中心主办的全国研学实践教育营地管理经验研讨会暨国家级研学实践教育营地共同体成立大会在我市召开。

宜昌研学旅行工作取得了一定的成绩，得到了教育部、省教育厅和社会各界的充分肯定和高度认可。2018年11月，宜昌市青少年实践教育基地被教育部评为全国中小学生研学实践教育营地，并被确定为中央专项彩票公益金"十三五"期间重点支持的三个营地之一。

几年来，通过不断实践与完善，宜昌研学旅行"1+4"管理模式不断成熟，在湖北省校外教育年会创新案例评比中，获得一等奖第一名，并向全国推广。我们制定了《宜昌市中小学生研学旅行基地认定管理办法》和《宜昌市中小学生研学旅行推荐旅行社遴选方案》，分三批共评选了73家研学旅行基（营）地和25家推荐旅行社，定期考核评估，实施动态管理。为进一步加强行业自律与监督管理，提升研学旅行教育效果，成立了"宜昌市研学旅行基地（营地）联合体"和"宜昌市旅游协会研学旅行分会"，编辑了《宜昌市研学旅行制度汇编》和"研学旅行在宜昌"系列丛书，在三峡旅游职业技术学院开设"研学旅行管理与服务"专业，挂牌成立"宜昌市三峡研学旅行研究中心"，聘请了20名"研学旅行特聘研究员"，对研学导师提出了"不培训不上岗"的明确要求，开展了6期研学导师培训和课程开发与线路设计培训，培训人数近千人次。

宜昌研学旅行成绩的取得，离不开中央资金和政策的支持。一直以来，我们致力于中央资金的科学管理和使用，充分发挥中央资金的社会效应和公益性。几年来，我们先后组织了新疆、西藏、香港、台湾等地的中小学生500余人参加"三峡行"专项活动，组织万名农村孩子参加"蒲公英公益行"；为了对学生进行爱国主义教育和党史教育，我们组织开展了"宜昌万名学生红色行""革命老区学生三峡行"等专项公益活动；为了更好地发挥武汉的区位优势、资源优势，拓宽武汉对口支援五峰、秭归等山区县的渠道，我们与武汉市教育局共同协商，开辟了"宜昌—武汉"研学精品线路，组织"宜昌学生武汉行""武汉学生三峡行"研学旅行活动；为了克服疫情对研学旅行活动的影响，我们加强了线上线下资源的开发，"三峡宜昌研学旅行网"正式上线，推出"环保教育——生态小公民""国之重器——三峡大坝"等系列研学旅行实景课堂，让全国各地的学生足不出户就能"云游"三峡。

课程建设是研学旅行的重要内容，课程质量的高低直接决定着研学旅行的效果。一直以来，我们高度重视课程建设工作，组织了课程开发培训班，深入到各基地指导打磨，开展了课程设计展示大赛，不断优化课程方案。在此基础上，我们精心挑选了30余门代表宜昌研学旅行特色的优秀课程，汇编形成本书。汇编包括了宜昌市青少年综合实践学校、三峡大坝、屈原故里、昭君故里、东方年华、车溪民俗旅游区、嘉禾实践教育基地、高安楼景区等宜昌优秀研学旅行基地的课程，也选择了神农架研学旅行基地的两门课程一并加入。其目的是进一步规范课程体例，提升课程质量，也供各基地的研学导师相互学习借鉴。本系列以"研学旅行在宜昌"为总书名，本书为其中的"课程篇"，将与后期陆续推出的"线路篇""基地篇""研学导师篇"等合为系列丛书。

感谢教育部教育发展研究中心首席专家、实践教育（研学旅行）研究所所长王晓燕对宜昌研学旅行工作的关心指导并为"研学旅行在宜昌"系列丛书作序，感谢三峡大学周德聪教授为本书题字，也感谢参与丛书策划、编辑和审校工作的各位专家和工作人员。

翟秀刚

教育部教育发展研究中心实践教育（研学旅行）研究所特聘研究员

宜昌市教育局党组副书记

2021 年 3 月

目 录

第一章　历史文化篇　　　　　　　　　　　　1
茶艺——盖碗红茶冲泡　　　　　　　　　　　2
端午传情　学包粽子　　　　　　　　　　　　6
国学礼仪　开蒙启智　　　　　　　　　　　　11
非遗传承　龙舟竞渡　　　　　　　　　　　　15
推皮走刀刻百态　灯下影里演众生　　　　　　19
小算盘·大智慧　　　　　　　　　　　　　　23
古建艺术　　　　　　　　　　　　　　　　　27
感受汉字文化　制作印章拓片　　　　　　　　33
赏析昭君村　践行"和美"文化　　　　　　　41
非遗文化——造纸术　　　　　　　　　　　　46
敲起漳河大鼓　唱响时代新曲　　　　　　　　51

第二章　自然生态篇　　　　　　　　　　　　57
行走清江画廊　体验生态文明　　　　　　　　58
触摸地球金钉子　学做岩石鉴定师　　　　　　62
领略热带风情　亲植多肉萌物　　　　　　　　68
挖掘恐龙化石　追溯生命起源　　　　　　　　73
垃圾分类　　　　　　　　　　　　　　　　　77

美猴王在神农架 81
叠层石——早期生命演化的史书 85

第三章　劳动教育篇　89
指尖魔法　创意沙画 90
小舞台成就大梦想 95
了解三峡奇石　创意石头拼画 101
生态农耕水稻收割 105
设计向往的家园——园艺师初体验 111
稻花乡里说丰年 117
学习鱼菜共生模式　体会现代农业魅力 123
"艾"上牵花绣　心念峡江情 130
创意草编——生活中的"百草味" 134

第四章　国防科工篇　139
国之重器　世纪大坝——定向篇 140
猎狐行动——无线电测向 146
揭开物联网的奥秘——百变温度计 152
智造乐队——Scratch音乐制作 157
探寻风电奥秘　组装风电模型 162

第五章　国情教育篇　167
船说大国重器之葛洲坝船闸体验课 168
国之重器　世纪大坝——防洪篇 174
寻访百年川汉路　重温峥嵘国防史 179

宜昌市研学旅行课程建设纪事　183

附录　200

第一章 历史文化篇

DIYIZHANG LISHI WENHUA PIAN

茶艺——盖碗红茶冲泡

一、课程名称

茶艺——盖碗红茶冲泡。

二、课程内容

中国是茶的故乡。经历了漫长的历史跋涉,茶叶已经在50多个国家扎下了根,成为世界三大无酒精饮料之一。外国人对于茶叶的种植方式、加工工艺、品饮方式的认知都是直接或者间接从我国传播出去的。作为一名当代学生,有必要了解茶艺,了解中国传统文化。

三、课程目标

(一)价值体认

通过对生活中茶叶的认识,让学生知道六大类茶及茶的保健功效。

(二)责任担当

通过对茶历史文化的学习,使学生提高个人涵养和民族自豪感。

(三)问题解决

提高学生对茶叶的认知并将茶知识真正运用在我们的实际生活中,通过茶来关爱父母和朋友。

(四)创意物化

通过茶汤的冲泡培养学生动手实践能力,同时让学生学习茶礼和茶仪,回到家可以为父母泡上一杯热茶。

四、教学重点难点

(一)教学重点

了解茶文化和茶科学,提高学生对传统文化以及茶与健康的认识。

(二)教学难点

使学生在红茶的茶道实操中熟练融入茶礼,感悟并表达感恩之情。

五、课程时长

90 分钟。

六、适合学段

初中年级。

七、研学地点

茶艺教室。

八、配备师资

以班级为单位,每班配茶艺专任教师 1 名,研学导师 1 名,助教 1 名,安全员 2 名。

九、研学用具

（一）茶具

茶船、随手泡、水盂、茶巾、赏茶荷、茶叶罐、茶道组、盖碗、公道杯。

（二）茶叶

宜红茶茶叶 150 克。

（三）环境

舒缓的古典音乐。

十、研学流程

（一）课程导入（5 分钟）

以师生问答的形式,由生活中家人常饮的茶叶引入,使学生认识六大类茶和相应的保健功效。教师再介绍每种茶叶的品质特点,以及代表性的名茶。

（二）课程初探（10 分钟）

为提高学生对茶的认识与理解,以讲授法为主,由"神农尝百草"的故事引入,厘清茶叶发展的历史脉络。期间贯穿小问题,与学生随时进行互动。以激发学生对茶文化的兴趣（见图 1-1）。

（三）实操实践（55 分钟）

（1）观看茶艺师表演视频,让学生了解冲泡步骤、感受传统茶文化的视觉冲击。（此环节 5 分钟）

（2）介绍茶器,即介绍每一种茶器的用途以及红茶茶艺中茶器正确的摆放位置。采用游戏的方式,提高学生对茶器的记忆。（此环节 10 分钟）

（3）教师带领学生进行盖碗红茶冲泡（备具备水—行礼—布具—取茶、赏茶—温

图 1-1　课程初探以故事引入

盖碗、温公道杯—投茶、摇香—温杯—冲水—出汤—分杯—奉茶—收具），边操作边讲解，并将茶礼（鞠躬礼、奉茶礼、叩指礼）融入其中。（此环节 15 分钟）

（4）学生在教师的指导下进行实际操练、小组成员之间进行角色分工，有的扮演孩子、有的扮演家长，再交换进行，并相互提出在操作中所遇到的问题。教师到各小组进行指导，及时了解学生的掌握情况，并解决问题（见图 1-2）。（此环节 25 分钟）

图 1-2　学生分组进行实际操练

（四）小组展示（15 分钟）

每个小组依次在讲台展示冲泡技艺并模拟给父母奉茶。教师及时就每个组的熟练程度、掌握情况等进行点评，并予以鼓励。

（五）研学效果评价（5 分钟）

每个小组推选一名代表分享本节课的所学、所思、所感，教师进行小组总结。

十一、研学评价

按照《宜昌市中小学研学旅行学生评价实施办法（试行）》的相关规定，细化本课程具体评价标准，对每名学生给予A、B、C、D等级的评价。

十二、研学单位

本课程由宜昌市青少年综合实践学校提供。

基地地址：宜昌市点军区一中路2号。

联系人：张小青　　联系电话：13972601295。

端午传情　学包粽子

一、课程名称

端午传情　学包粽子。

二、课程内容

秭归是屈原的故乡,屈原故里端午习俗历史悠久,所包含的礼俗及文化元素非常丰富,屈原故里端午习俗于2009年被列为世界非物质文化遗产。通过走进屈原故里实地实景感受秭归端午习俗,学习秭归粽子的制作方法,深入了解民族传统文化,弘扬屈原爱国主义精神。

三、课程目标

（一）价值体认

以观赏、讲述、演绎、交流、咏唱、制作等多种形式,多方位了解端午文化、屈原文化。

（二）责任担当

通过深入了解端午文化和屈原文化,培养学生的民族文化自信,弘扬屈原忧国忧民、忠贞爱国的精神,激发学生的爱国热情。

（三）问题解决

通过学习秭归粽子的包法,让学生在实践过程中锻炼动手能力,学会传统手工制作。

（四）创意物化

与父母共同分享成果,将课堂上制作成功的一至两枚粽子带回家,分享给父母,并将秭归端午习俗、屈原故事、秭归粽子包法的寓意向父母讲述,共享劳动成果和学习成果,达到传承民族传统文化的学习目的。

四、教学重点难点

（一）教学重点

通过了解端午习俗,深入学习民族传统文化,弘扬爱国主义精神。

（二）教学难点

研学导师通过讲解、示范、指导秭归粽子的制作要领和技巧，让学生熟练掌握具有秭归特色粽子的制作方法。

五、课程时长

90 分钟。

六、适合学段

初中年级。

七、研学地点

端午习俗馆（室内）、屈原广场（室外）。

八、接待规模

室内 100 人、室外 200 人。

九、配备师资

研学导师 1 名。

十、研学用具

桌子、围裙、手套、粽叶、糯米、红枣、筷子、细绳。

十一、研学流程

（一）研学引入（5 分钟）

以猜粽子谜语形式与学生互动，引入课题。

（二）研学过程（70 分钟）

1. 观赏视频（10 分钟）

《诗意秭归　屈原故里》（赵忠祥解说）。

2. 深入学习（30 分钟）

根据视频内容，以提问方式阐释四大知识点。

（1）屈原是谁？

进一步概述屈原生平，详细讲述他在文学、政治方面的卓越才能，为楚国做出的重要贡献，突出他忠贞爱国、忧国忧民的高贵精神品质。

演绎环节：根据导师提供的《屈原小故事》台词，选取 5 名学生进行角色扮演，演绎一段突显屈原刚正不阿品质的小故事。

（2）为什么要在端午节纪念他？

a. 讲述楚国逐渐衰落，屈原悲愤欲绝，投汨罗江以身殉国的故事。

b. 讲述屈原投江之后，家乡人民争相划着小船到汨罗江寻找屈原遗体的故事。

c. 为了纪念屈原，人们划着小船，向江中抛洒饭团寻找屈原遗体的这一过程，经过千百年的演变，逐渐形成农历五月初五咏唱《招魂曲》、进行龙舟竞渡、包粽子等习俗。

咏唱环节：歌师领唱，合咏独具秭归非遗文化特色的《招魂曲》，表达对屈原的哀思和怀念。

（3）屈原故里的端午习俗有什么特别之处？

a. 秭归端午比年大，一节三过：农历五月初五为头端午、五月十五为大端午、五月二十五为末端午，秭归人民过"三个端午节"以此纪念屈原，可见屈原故里儿女对端午的重视程度。

b. 讲述系列习俗：划龙舟、包粽子、端午诗会、挂艾蒿、喝雄黄酒、蒸麦面粑粑、制作香包。

c. 2009年5月，湖北秭归县的"屈原故里端午习俗"与黄石市的"西塞神舟会"、湖南汨罗市的"汨罗江畔端午习俗"、江苏苏州市的"苏州端午习俗"联合，以"中国端午节"为名，成功申请成为世界非物质文化遗产，意义重大。

（4）端午习俗之一——秭归的包粽子有什么特色？

讲述秭归的清水粽纪念屈原的意义，包清水粽用的材料、造型和其代表的不同含义。

3. 粽子制作（25分钟）

（1）研学导师展示秭归粽子制作食材和安全注意事项。

（2）研学导师示范并讲解步骤：粽叶的选取和折叠技巧、注入食材、粽叶包裹食材压出粽边棱角的方法、五彩丝线缠绕粽子的手法、蒸煮时长（见图1-3）。

4. 粽子品尝（5分钟）

学生制作粽子完成后，研学老师为每位学生发放一枚熟粽子。

(a)

(b)

图1-3　粽子制作

(c)

(d)

续图1-3

（三）总结分享（15分钟）

（1）请学生展示并介绍自己的制作成果（见图1-4）。

（2）引导学生分享本次课程的主要收获，以及对屈原文化、屈原精神和秭归端午习俗的学习体验。

（3）鼓励学生在今后的学习和生活中学习屈原的爱国精神和高尚品质。

十二、研学评价

按照《宜昌市中小学研学旅行学生评价实施办法（试行）》的相关规定，细化本课程具体评价标准，对每名学生给予A、B、C、D等级的评价。

图1-4 学生展示并介绍自己的成果

十三、研学单位

本课程由屈原故里研学基地提供。

基地地址：秭归县茅坪镇平湖大道1号。

联系人：刘晓敏　　联系电话：13669075932。

国学礼仪　开蒙启智

一、课程名称

国学礼仪　开蒙启智。

二、课程内容

一、二年级新生通过参加庄重的"开蒙启智"仪式，学习国学礼仪、感受儒家文化精髓，培养学生尊师爱学的优良品格。研学内容包括：正衣冠、拜师礼、朱砂启智、击鼓鸣志、开笔写"人"字。

三、课程目标

（一）价值体认

学生通过参加庄重的"开蒙启智"仪式，感受中国传统文化的魅力，热爱中国传统文化，弘扬文化自信。

（二）责任担当

学生体验国学礼仪开蒙启智的活动，感受儒学精髓，弘扬国学礼仪，传承尊师爱学文化。

（三）问题解决

让学生在现场仪式中，感受古人对老师、对学习的尊重，反思自我对老师、对学习的态度，树立远大的求学理想和抱负。

（四）创意物化

在研学体验中，以动手、动脑等寓教于乐的活动方式为载体，紧密联系社会生活实际及宜昌本地的乡土乡情，帮助学生了解市情、热爱宜昌、开阔眼界、增长知识，提高他们的社会责任感、创新意识和实践能力。

四、教学重点难点

学生通过参加庄重的"开蒙启智"仪式，懂得尊师重道，提高道德意识，能够在日常生活中做到尊敬师长、待人以礼，传承尊师爱学文化。

五、课程时长

180分钟。

六、适合学段

小学低年级。

七、研学地点

宜昌黔宜阳光梦想城内中心广场和场馆内。

八、配备师资

以班为单位,每班配2名研学导师。

九、研学用具

汉服、鼓、朱砂、毛笔、墨汁、砚台、纸、国学桌椅。

十、研学流程

开蒙礼是中国传统的礼仪习俗、礼仪文化。生动而庄严的开蒙仪式,让孩子从小就感知祖国优秀的传统文化。

(一)正衣冠(5分钟)

通过观看图片形式和诵读《三字经》导入。

学生全体立正,集体面向先师孔子,校方老师上台和梦想城基地国学老师一起为学生代表整理衣冠,各班老师和梦想城研学导师为本班学生整理衣冠。

这一程序寓意"先正衣冠,后明事理!"(校方老师为台上的学生整理衣冠,各班老师配合梦想城研学导师完成。)

童蒙之学,始于衣冠;先正衣冠,后明事理。(按主持人的口令开始"正衣冠"。)

(二)拜师礼(10分钟)

集体拜孔子和老师。孔子对中国传统文化起着承上启下的重要作用,是华夏文明的代表之一。尊师重教,是我国的优良传统。

老师带学生行拜师礼。

学生起立,向先生行拜师礼。(面向孔子,双手抱拳于胸前,立正。)

学生在梦想城基地国学老师的示范下,进行拜师礼。

(三)朱砂启智(10分钟)

在古代,学童入学读书前,都会有启蒙师长用红色的朱砂在学童们的额头正中央点上红痣,称为"开天眼",寓意开启智慧,以此寄托师长们美好的愿望。

梦想城基地国学老师和校方老师为台上学生代表点朱砂开启智慧。各班老师为本班学生点朱砂开启智慧(见图1-5)。

(四)击鼓鸣志(10分钟)

古代的读书人要到学宫去考取功名,他们进入学宫的时候,往往通过击鼓的方式,表达他们要读书上进和考取功名的愿望。

图 1-5 点朱砂

首先梦想城基地国学老师击鼓三声,以示学生从今启蒙。

接着校方老师击鼓,敲响的每一鼓声都孕育着一个崭新的希望。

(五)开笔写"人"字(5 分钟)

首先认识文房四宝。中国汉族传统文化中的文书工具,即笔、墨、纸、砚。(出示实物,学生根据实物做答)

古人云:人生聪明识字始,接下来进行开蒙礼第五项——开笔写"人"字!

台上学生用笔书写"人"字;台下学生跟随研学导师书写"人"字(见图 1-6)。

图 1-6 开笔写"人"字

（六）职业体验课程（3个职业体验课程，共计135分钟）

学生在基地内扮演三个职业角色，分别在黔宜航空模拟舱、梦想美食馆、梦想剧场扮演，在扮演职业角色的过程中体验"职业礼仪""餐桌礼仪"和"礼仪表演"，使学生们更加深入地体会礼仪的重要性。

1. 黔宜航空课程（45分钟）

学生在研学导师的引导下体验当空姐空少。学生学习空乘人员的站、坐、走、鞠躬等姿态（15分钟）；练习微笑服务（5分钟）；在基地的模拟飞机舱内展示成果：进行登机及机上礼仪服务（20分钟）；学生们交流分享（5分钟）。

2. 梦想美食馆课程（45分钟）

学生在研学导师的引导下DIY制作寿司。学生在老师的引导下了解寿司的起源，认识制作寿司所需的工具和食材（10分钟）；老师边讲解边示范，带领学生制作寿司，反复讲解制作要点及注意事项（20分钟）；享用美食，学习就餐礼仪（10分钟）；成果评比；从色泽、形状及卫生等方面进行评比交流（5分钟）。

3. 梦想舞台课程（45分钟）

学生们在研学导师的引导下体验演员不同角色服装、饰品的搭配及造型的创意编排。通过图片导入舞台人物形象，观察他们的服饰、体态、走姿、站姿，分小组讨论（5分钟）；学生们自主选择服饰、配饰，改变造型，接受礼仪培训（20分钟）；进行舞台展示（20分钟）。

课程结合宜昌市西陵区小学校本教材《生态好市民》（下册）中以下知识点开展：文化西陵、与人交往学问大、我是文明小游客。在课程实施中研学导师和学生互动，指出并纠正生活中某些不文明的行为，让学生体会礼仪在生活中的重要性，学习正确的礼仪知识，约束自己的言行。

（七）研学效果评价（5分钟）

学生谈谈自己的收获，自我反省以前的学习和生活情况，畅谈今后积极向上的学习和生活状态，然后填写研学手册。

研学导师对课程总体情况进行评价总结，对表现优秀的同学进行嘉奖，并邀请其上台分享研学收获。

十一、研学评价

按照《宜昌市中小学研学旅行学生评价实施办法（试行）》的相关规定，细化本课程具体评价标准，对每名学生给予A、B、C、D等级评价。

十二、研学单位

本课程由宜昌市梦想城青少年校外综合实践基地提供。

基地地址：宜昌市西陵区西陵二路51号金缔华城梦想城。

联系人：郑娟　　联系电话：18571009204。

非遗传承　龙舟竞渡

一、课程名称

非遗传承　龙舟竞渡。

二、课程内容

龙舟精神是一种同心协力、激流勇进的精神；是一种吃苦耐劳、奋发向前的精神；是一种遵守纪律、听从指挥的精神。赛龙舟不仅能教会人们如何团结协作，更教会人们要同舟共济、勇往直前、拼搏进取。本课程旨在通过模拟比赛，让学生在挥洒汗水的同时，体验龙舟速度，感悟龙舟精神，了解赛龙舟这项非遗文化。

三、课程目标

（一）价值体认

赛龙舟作为传统体育的代表，既凝聚起团队拼搏的勇毅精神，又展示着中流击水的豪迈气概，承载了中华民族丰富的人文情感，体现出我国传统历史文化的悠久性，我们可从中学习我国劳动人民自古以来的团结统一精神。

（二）责任担当

引导学生与民俗文化进行直接的接触与观察，与历史对话，身临其境感受传统文化的魅力。

（三）问题解决

引导学生走出教材、课堂和学校，亲身体验传统历史与文化，让真正的传统历史文化走进学生的生活并得以传承。

（四）创意物化

赛龙舟是一种文化，也将拼搏向上和团结协作的精神展现得淋漓尽致。本课程将提高学生的集体荣誉感。

四、教学重点难点

（一）教学重点

认识龙舟，了解赛龙舟运动的精神内涵，学习龙舟划行技巧。

（二）教学难点

使每名学生准确掌握划龙舟的动作要领，使各组划行动作一致。

五、课程时长

90分钟。

六、适合学段

初中年级和高中年级。

七、研学地点

杨守敬国学院风雨操场、水域码头。

八、配备师资

每班配2名研学导师、2名水上救生员。

九、研学用具

龙舟、救生衣、桨板、浮筒、塑料凳、音响、奖杯。

十、研学流程

（一）课程导入（5分钟）

通过提问的方式引入课程，即了解学生们对赛龙舟这项运动的认知情况，讲述楚国人因不舍贤臣屈原投江死去，划船追赶拯救，并把每年农历五月初五（端午节）划龙舟作为对屈原的纪念这一故事，来带动学生投入本节课程。

（二）课程初探（30分钟）

为了让学生熟练掌握赛龙舟的技术动作和精神内涵，本课程采用陆地模拟实操的方法，理论讲解与实际操作相结合。

（1）认识龙舟。学划龙舟就要先认识龙舟，研学导师介绍龙舟的基本结构和队员组成情况（见图1-7）。（此环节5分钟）

图1-7 认识龙舟

（2）正确坐姿。研学导师告诉学生什么是龙舟划行的正确坐姿，并对每名学生的坐姿进行纠正。（此环节 2 分钟）

（3）认识桨板。研学导师向学生介绍桨板的构造组成，并以提问的方式检查学习效果（见图 1-8）。（此环节 3 分钟）

图 1-8　研学导师介绍桨板

（4）划桨姿势。研学导师讲解正确的握桨姿势和划水动作，组织划水模拟训练，纠正错误的动作（见图 1-9）。（此环节 10 分钟）

图 1-9　模拟划桨

（5）鼓手动作。研学导师教授鼓手打鼓动作的要领及注意事项，指导学生按照由慢到快的节奏进行训练，然后，鼓手和桨手配合训练，实现动作协调一致的效果。

（此环节10分钟）

（三）实操实践（50分钟）

（1）安全准备，学生按小组分色穿救生衣，安全员对学生的穿着情况逐一检查并讲解登船、划行和下船的安全注意事项。（此环节5分钟）

（2）登船实操，学生穿好救生衣，在安全员的带领下按小组依次登船并准备。所有学生登船后，研学导师发布竞赛开始的口令，竞赛活动正式开始。（此环节45分钟）

（四）研学效果评价（5分钟）

（1）各组推选一名代表分享本节课的所学、所思、所感，研学导师进行总结。（此环节3分钟）

（2）根据各组的训练效果、口号一致性情况以及竞技时间评比出前三名（见图1-10）。（此环节2分钟）

图1-10 评比

十一、研学评价

按照《宜昌市中小学研学旅行学生评价实施办法（试行）》的相关规定，细化本课程具体评价标准，对每名学生给予A、B、C、D等级的评价。

十二、研学单位

本课程由杨守敬国学院研学基地提供。

基地地址：湖北省宜昌市宜都市五眼泉镇石门村二组。

联系人：李勇　　联系电话：13986753311。

推皮走刀刻百态　灯下影里演众生

一、课程名称

推皮走刀刻百态　灯下影里演众生。

二、课程内容

通过基地内灯影峡上的灯影石（见图1-11），了解皮影的基本概念，向皮影戏省级非遗传承人学习皮影历史、皮影制作技艺、皮影表演技巧，并观看皮影戏表演，亲手制作皮影，参与互动。

图1-11　灯影石

三、课程目标

（一）价值体认

学习皮影发展历史，了解中国文化的源远流长。

（二）责任担当

学习、保护、传承中国传统文化。

（三）问题解决

很多电子产品也用到了皮影的成像原理，让我们找找现实生活中的例子。

（四）创意物化

动手制作皮影，并创作剧情赋予它生命。

四、教学重点难点

（一）教学重点

使学生通过学习皮影戏，激发对中国传统文化的兴趣。

（二）教学难点

本课程通过对灯影峡、灯影石的介绍，引出皮影戏的概念；对皮影成像原理和日常生活中的影院荧幕、LCD屏幕的成像原理进行比较，拉近皮影戏和生活的距离；再引导学生学习课程、观看表演、制作皮影、参与互动，激发学生主动学习传统文化，传承传统文化的热情。

五、课程时长

90分钟。

六、适合学段

初中年级。

七、研学地点

巴王寨皮影馆。

八、配备师资

每班50人配置1名研学导师。

九、研学用具

皮影制作道具、彩笔、双脚钉、塑料棒。

十、研学流程

（一）课程导入（10分钟）

长江三峡最精华的"两坝一峡"中的"一峡"指的就是三峡人家研学基地所在的灯影峡。每当太阳到达一定角度，光和影达到一个巧妙的平衡时，峡黑天白，以峡为影，以天为幕，天与江之间似乎上演一出西天取经的灯影戏，灯影峡也因此得名。郭沫若先生路过此地，亲见此景，留下了"唐僧师弟立山头，灯影联翩猪与猴"的佳句。学生们通过观赏基地内景色、品读著名诗人的诗，引出本次课程的主题——皮影戏。

（二）原理探究（10分钟）

皮影戏以皮质做成各种形象，通过烛光、灯光等光源，将影像投到白色幕布上，展现皮影的各种形象和动作，配合音乐、人声进行剧目表演。皮影戏虽然淡出了大众的视野，但它所蕴含的成像原理仍然被现代众多电子设备所使用。可通过让学生列举身边的例子，拉近古代技艺与现代生活的距离。

（三）观看皮影表演（10分钟）

欣赏由鲁家班表演的皮影戏（见图1-12），使学生们近距离感受传承千年的文化遗产。

图1-12　鲁家班表演的皮影戏

（四）皮影制作（25分钟）

导师讲解皮影制作的步骤和安全事项，分发皮影制作道具。

学生仔细观察皮影道具，弄清楚皮影的组成部分。

对皮影各部分分别上色。

将皮影各部分抠下来。

用双脚钉和塑料棒连接。

活动影人调节完成（见图1-13）。

（五）皮影互动（25分钟）

学生以三至四人为一组，在皮影传承人的指导下，上台表演皮影戏（见图1-14）。

（六）课程总结（10分钟）

对课程内容进行提问，考查学生听课情况，对学生制作的皮影形象和演绎质量进行评价总结。

图 1-13 皮影制作

图 1-14 皮影互动

十一、研学评价

按照《宜昌市中小学研学旅行学生评价实施办法（试行）》的相关规定，细化本课程具体评分标准，对每名学生给予 A、B、C、D 等级的评价。

十二、研学单位

本课程由三峡人家研学旅行基地提供。

基地地址：宜昌市夷陵区三斗坪镇石牌村。

联系人：周斌　　联系电话：15997596018。

小算盘·大智慧

一、课程名称

小算盘·大智慧。

二、课程内容

本课程通过组织学生参观珠算博物馆，让学生了解算盘和珠算的历史以及珠算与珠心算的关系，进而了解珠心算在当今国防科技和高精尖人才智力开发中的重要作用，并教会学生打算盘，让学生既可收获一种简单易学的计算方法，又能提高动手动脑能力，甚至还能促进大脑智力的开发，从而激发学生的学习兴趣。本课程还组织学生进行分组比赛，检验学习成果。

三、课程目标

（一）价值体认

引导学生认识算盘，学打算盘，培养学生对珠算的喜爱，帮助学生认识珠算的历史作用和现实作用，激发学生的民族文化认同和投身国防科技事业的责任感。

（二）责任担当

引导学生了解珠算是中国传统文化的一部分，激发学生的学习兴趣，培养学生对珠算传统文化的兴趣和传承意识，践行保护和宣传中国传统文化的使命。

（三）问题解决

引导学生结合生活体验，培养思考能力，培养学生在日常学习中运用珠算解决实际问题的能力。

（四）创意物化

通过学习珠算，提升学生的动手动脑能力，使学生能够准确迅速地运用珠算进行计算，解决学习和生活中的相关问题。

四、教学重点难点

（一）教学重点

让学生认识算盘，了解珠算的历史意义。

（二）教学难点

让学生明白算盘与珠算的关系、珠算与珠心算的关系，以及珠心算在当今国防科技和高精尖人才智力开发中的重要作用。

五、课程时长

180分钟。

六、适合学段

小学高年级。

七、研学地点

珠算博物馆、研学教室（见图1-15、图1-16）。

图1-15　珠算博物馆

图1-16　研学教室

八、配备师资

每 50 名学生配备 1 名研学导师、1 名助教。

九、研学用具

小算盘、PPT 及视频播放器材、现场教学专用研学教具、互动奖品、研学手册。

十、研学流程

（一）课程导入（25 分钟）

学生观看珠算视频。研学导师讲述中国人民解放军珠心算部队的故事，激发学生对珠心算的兴趣。

（二）课程探究（35 分钟）

学生参观珠算博物馆。研学导师向学生介绍珠算的起源、发展和运用，让学生直观地了解珠算在中国历史中的作用。

（三）现场讲解和传授展示（35 分钟）

研学导师在研学教室集中讲授，以 PPT 和小视频讲解的方式进行现场教学，让学生掌握简单的珠算基础知识。针对不同年级段的学生，研学导师的教学难易程度要有区分。

（四）实践操作（30 分钟）

研学导师给每名学生发一把算盘，现场教学，教学生打算盘。研学导师在教学中要及时了解学生的掌握情况，并解决实际操作中的问题。学生自主练习，运用算盘进行简单的数字运算。

（五）研学成果检验（30 分钟）

学生分小组，实际操作算盘进行数字运算。

采用计时制评选，前三个完成任务的小组获胜。

研学导师点评并给予学生鼓励，向取得胜利的小组发放奖励、赠送礼物。

（六）研学小结（25 分钟）

学生分小组，推选一名代表分享学习内容、感悟和启发。

学生以小组为单位，开展组内互评，评出本组的优秀、良好、合格及待改进的成员。

导师在学生自评与互评的基础上，对学生的学习过程、学习动态以及本次珠算课程内容进行总结。

十一、研学评价

按照《宜昌市中小学研学旅行学生评价实施办法（试行）》的相关规定，细化本课程具体评价标准，对每名学生给予 A、B、C、D 等级的评价。

十二、研学单位

本课程由鸣翠谷研学基地提供。

基地地址：宜昌市点军区紫阳村。

联系人：罗照孟　　联系电话：13707205400。

古 建 艺 术

一、课程名称

古建艺术。

二、课程内容

青砖黛瓦，檐角飞挑，脊兽灵动，水墨如画，高安楼这座历经300余年风霜的徽派建筑，在一榫一卯之间，一转一折之际，凝结着中国几千年传统文化的精粹。譬若轮人之有规，匠人之有矩，导师将带领学生通过拼装斗拱了解榫卯结构的精巧和奥秘，组织学生拼装徽派建筑模型，了解蕴藏在一木一瓦、一砖一墙中的建筑奥秘；在实践中感悟先民的智慧，继承和发扬中华文明伟大的工匠精神（见图1-17）。

图 1-17　高安楼

三、课程目标

（一）价值体认

通过本节课的研学实践让学生感受非遗文化的永恒魅力，感受中华人民的伟大智慧，培养学生实践动手能力和创新精神。

（二）责任担当

培养学生要继承和发扬中华优秀传统文化的志向；培养学生开拓创新的精神；帮助学生全面提升历史、文化、建筑、艺术等综合素养。

（三）问题解决

通过参观高安楼，培养学生社会调查和科学考察的能力；通过手工制作，培养学生善于观察、善于发现的能力，以及动手实践的能力。

（四）创意物化

通过参观高安楼，让学生了解高安楼的历史和文化，了解古代徽派建筑的特色和非遗文化；通过学习拼接斗拱，了解榫卯结构建筑的魅力。

四、教学重点难点

（一）教学重点

引导学生了解榫卯结构，增强学生对传统建筑技艺和工匠精神的认识。

（二）教学难点

引导学生参观高安楼，了解斗拱知识，拼装徽派建筑模型；引导学生热爱中国传统文化、热爱祖国、热爱劳动。

五、课程时长

90分钟。

六、适合学段

初中年级。

七、研学地点

工艺建造坊。

八、接待规模

100人。

九、配备师资

1名研学导师，1名助教，1名安全员。

十、研学用具

电脑、投影仪、音响、麦克风；斗拱拼装套件 10 组；徽派建筑拼装模型套件 20 组。

十一、研学流程

1. 课前

指导学生提前了解中国徽派古建筑。

2. 课中

（1）课程导入（5 分钟）。

远安县曾用名高安县。远安自西汉建元元年（公元前 140 年）置县，以其临沮水而得名临沮县，东晋隆安末（公元 401 年），因县城迁建于旧县亭子山上，改县名为高安县。北周武成元年（公元 559 年），取"永远平安"之意，又改高安为远安。"高安"具有祥瑞的寓意。安，是中国人普世价值观，"高安"更能表现这种价值观，"高安楼"三字具有很高的共识度。

（2）研学任务环节。

介绍中国古建筑的榫卯结构，以斗拱为例（15 分钟）。

中国古建筑以木材、砖瓦为主要建筑材料，以木构架结构为主要的结构方式，由立柱、横梁、顺檩等主要构件建造而成，各个构件之间的结点以榫卯相吻合，构成富有弹性的框架（见图 1-18）。

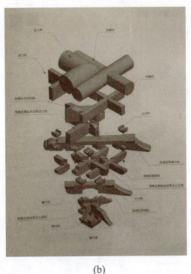

(a)   (b)

图 1-18 榫卯结构

榫卯是极为精巧的发明，这种构件连接方式，使得中国传统的木结构成为超越当代建筑排架、框架或者钢架的特殊柔性结构体，不但可以承受较大的荷载，而且能够承受一定的变形，可在地震荷载下通过变形抵消一定的地震能量，减小结构受地震的影响。

学生观看视频资料：【墙倒屋不塌】——中国古建筑斗拱、榫卯的神话——营造法式篇。

导师讲解斗拱的作用（见图1-19）：

①装饰作用；

②承上启下的承载作用；

③抗震减震的作用；

④增大面积，增加距离。

图1-19　导师讲解斗拱的作用

分组拼装斗拱（20分钟）。

①学生分组拼装斗拱模型（见图1-20）。

②交流与分享。

讲解徽派建筑的特点（15分钟）。

图1-20　学生拼装斗拱模型

导师展示以高安楼等建筑为代表的徽派建筑的图片，重点讲解徽派建筑的历史、文化和建筑特点。

徽派建筑以黛瓦、粉壁、马头墙为表型特征；以砖雕、木雕、石雕为装饰特色；以高宅、深井、大厅为居家特点。

讲解中可配视频资料：《什么是徽派建筑风格》。

组织学生拼装徽派建筑模型（25分钟）。

①讲解拼装技术要领。

②学生分组拼装徽派建筑微缩模型。

要求：4—5人一组进行拼装，要做到快、静、齐；在拼装过程中再次回顾徽派建筑的特点（见图1-21），拼装结束后各小组准备一份精美的解说词，安排一名代表解说。

图1-21 学生拼装徽派建筑

（3）交流与分享。

请各组代表上台解说，一是描述徽派建筑的特点；二是对本组作品进行宣传推介。教师对优秀小组及时给予肯定和鼓励，并重点引导学生了解中国古建筑建造技艺的博大精深，激励学生热爱祖国，发扬中华优秀传统文化，继承中华民族伟大的工匠精神，奋发图强，为中华之崛起而努力读书。

3. 课后（10分钟）

（1）重新走进高安楼建筑，从建筑艺术角度去赏析一些建筑之美。

（2）留下思考以及对工匠精神的感悟。

十二、研学评价

按照《宜昌市中小学研学旅行学生评价实施办法（试行）》的相关规定，细化本课程具体评价标准，对每名学生给予 A、B、C、D 等级的评价。

十三、研学单位

本课程由宜昌市高安楼研学基地提供。

基地地址：宜昌市远安县花林寺镇高安楼景区。

联系人：罗光林　　联系电话：15571771666。

感受汉字文化　制作印章拓片

一、课程名称

感受汉字文化　制作印章拓片。

二、课程背景

1993年，中国画院原院长刘勃舒、湖北省美术院原院长冯今松、广东画院原院长王玉珏三位联合发起"世界知名华人画家三峡刻石纪游"活动，共征集吴作人、关山月、张仃等144位世界知名华人画家的作品283件，取三峡大坝坝底江心石制作印章127枚，其风格各异、依石取势、镌刻精致、自然天成，并将印章放大成印章石雕置于三游洞风景区。这是我国印章史上之创举，三游洞是我国唯一一处以印章为主题的石园。

三游洞自公元819年4月14日被元稹、白居易、白行简发现、游玩和命名至今，已有1200余年的历史。唐宋以来，历代游览过三游洞的名人，以及在夷陵任职的官吏或题写诗文、或刻碑记事，共作壁刻、碑刻100多件，为三游洞凝聚了丰富的人文底蕴。从三游洞口到耳洞一带石阶路边的石壁上，是三游洞的"历史石刻长廊"。仅就石刻书法来看，就犹如百花斗艳的"书法展览馆"。自宋代至民国的历代纪事石刻作品，或一横条，或一竖幅，或一方正，或依形而刻，或顺势而列，或嵌入凹面，或勒于突岩，或展于阔壁。上下参差有序，左右舒心展天然，其书体有楷书、隶书、魏碑、篆书、章草、行草等。笔墨刚柔不一，风格各异，起伏跌宕，琳琅满目，是国家重点保护的摩崖石刻。

利用这些不可复制的人文资源让孩子了解印章文化、学习拓片技艺是基地的责任与担当（见图1-22）。

三、课程内容

简述汉字的起源与演变；了解印章种类及印章背后的故事；临摹最喜欢的印章；学习拓片制作方法（初中学段增加篆刻常识；高中学段增加篆刻分类与欣赏、拓片历史）。

四、课程目标

（一）价值体认

通过了解印章、篆刻、拓片的传承及发展，增强学生文化自信与民族自豪感，激发学生对印章、拓片的兴趣，以及提升学生传中华文明、扬工匠精神的责任担当。

图 1-22　学生在基地了解印章文化

（二）创意物化

学生自己动手尝试，在实践中掌握印章、拓片制作方法，把印章临摹、拓片成果带回家。

五、教学重点难点

（一）教学重点

学习印章知识，了解汉字的起源与演变，识别印章种类；认识拓片，学习拓片制作方法。

（二）教学难点

引导学生聆听印章史话，激发学生传承印章文化的热情；引导学生观摩拓片制作方法，使学生清晰了解制作步骤并循序渐进地掌握制作方法。

六、课程时长

180 分钟（印章 90 分钟、拓片 90 分钟）。

七、适合学段

初中年级。

八、研学地点

三游洞印章石园、楚塞楼。

九、配备师资

分班配备印章、拓片研学导师各 1 名、分班配备辅导员 1 名。

十、研学用具

研学学案、篆刻用品、临摹用品、拓片用具、展板、小礼品、遮阳棚等。

十一、安全预案

印章园内预防学生寻觅、临摹印章时摔倒;拓片时预防学生争抢和溅洒墨汁,预防母版伤手等。

十二、研学流程

本课程分印章、拓片两部分。

(一)印章部分

1. 印章部分课程导入(10分钟)

世界上有一个民族,从结绳记事、仓颉造字、活版印刷到激光照排,创造了五千年连绵不断的辉煌历史,它就是中华民族;世界上有一个国家,在文化传承上独树一帜,创造了印章拓片Chinese Seals & Rubbings!它就是中国。我们为身为中华民族一员而倍感骄傲,我们为伟大的祖国而自豪。今天,我们将走进三游洞印章石园,去感受吴作人印章背后挥毫泼墨的气势,去领略关山月画就"江山如此多娇"时的豪迈,去寻觅张大千、徐悲鸿在三游洞作画时的身影……

2. 印章常识讲解

(1)简述汉字的起源及演变(见图1-23)。(5分钟)

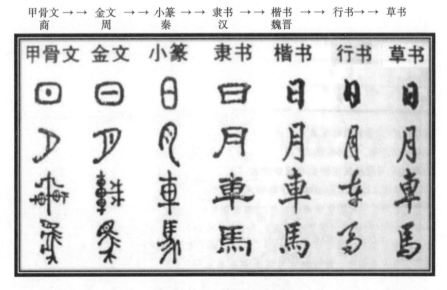

图1-23 汉字的起源及演变

(2)简述印章的起源。(5分钟)

印章的起源最早可以追溯到殷商时期。印章是中国传统文化的代表,在历朝历代都有着不同的称呼,比如"印信""朱记""图章""符""戳"等。春秋战国时期,印章最初只是作为货物流通的凭证,后来发展为官吏身份等级的象征。造纸术的发明和改进,促进了印章的发展,到了宋代,印章开始进入新的历史阶段,印章除日常应用之外逐渐跟艺术品结缘，收藏家们都喜欢将自己的印章盖在书画上，这就为书画传承有序提供了重要依据。印章的角色也逐渐从实用性向鉴赏性转换（见图1-24）。

图1-24　印章的角色转变

（3）了解三大类印章。（5分钟）

三大类印章：姓名印（名章）、闲章、肖形印（章）。中国篆刻是与书法字体结合的一种艺术。它于方寸之中、红白之间创造各种美的结构和形式。因其字体多为篆书所以称为篆刻。篆刻艺术是由作为权力和凭证的古玺印发展而来的。

（4）篆刻工具介绍。（5分钟）

刻刀、砂纸、印床、印刷、印泥、印筋、砥石、印规或印矩、印垫（印笺）、拓包或拓墨（见图1-25）。

图1-25　篆刻工具

（5）篆刻步骤。（5分钟）

章法的筹布、印石的整平、上石、刻制与修整、边栏的处理、边款的拓制、印泥的使用、钤印、钤毕。

篆刻分类：阴刻、阳刻（见图1-26、图1-27）。

痴绝 [金侃] 清　　　　　　　只可目怡 [高士奇]

图1-26　阴刻　　　　　　　图1-27　阳刻

3. 参观印章石园，互动提问，现场学习临摹印章（35分钟）

我国的五大字体是哪五种？五大字体的特点分别是什么？（篆书、隶书，古色古香；行书流畅，楷书端方；草书豪放，凤舞龙翔）印章简单分几类？参观石园并临摹自己感兴趣的作品（见图1-28）。

图1-28　学生临摹感兴趣的作品

4. 临摹作品秀+点评（20分钟）

小结；班级集合，前往拓片制作地。

（二）拓片部分

1.拓片部分课程导入（10分钟）

自唐宋以来，历朝历代文人骚客在三游洞留下了百余件珍贵的摩崖石刻，在欣赏这些石刻的基础上学习拓片制作，沐唐风宋雨、触时代脉搏、察万方多难、歌抗日英魂，感沧海桑田、铸时代华章……

碑帖拓片之珍贵，首先在于它能清晰、完整、准确、生动、真实地再现古代书法艺术和绘画艺术的神韵，当今高科技仿制也难以达到其原汁原味的效果。再则是拓片所记录、表现的内容，都是极其宝贵的历史资料。

2.拓片制作

分集中讲解、分步指导、巡回检查、逐组验收、成果展示五步（见图1-29）。

图1-29　学生分组制作拓片

（1）拓片定义。从碑刻、铜器等文物上拓印下其形状、文字或图画的纸片。（5分钟）

（2）拓片用具展示与介绍。碑拓母版、拓包、墨汁、宣纸、棕排刷、旧报纸等。（5分钟）

（3）拓片制作四步法。

第一步：剔清准备拓的花纹或文字、摩崖石刻、画像石、碑刻等。可水洗，但青铜铭文、古钱币、甲骨文字、画像砖、木雕等上面细微的土锈需用削尖的竹筷或牙签慢慢剔干净。（20分钟）

第二步：选取大小合适的宣纸覆盖准备拓的文字或花纹，用毛巾轻轻润湿使宣纸贴于器物表面。倘有不能紧贴者，可在宣纸上再蒙上一层软性吸水的纸作为保护面（塑料袋也可），用蘸了白芨水的毛刷轻轻敲捶，挤走残留在宣纸与器表间的气泡。（10分钟）

白芨水是用中药浸泡出的无色、透明但略有黏性的水，有利于宣纸附着在器物表面，拓印后易剥离。如若不方便购买白芨，用清水也可。

第三步：去除纸保护面，待湿纸稍干。这一步虽不需要人工操作，但对于干湿度的把握极其重要。宣纸偏湿，墨汁氤散；宣纸偏干，不能紧贴印面，不利于拓印。因此，一般当纸张肉眼看上去已无明显水印，但宣纸尚紧贴印面之时的干湿度恰好。（10分钟）

第四步：用带墨均匀的扑子，向纸上轻轻扑打，用墨宁淡勿浓，多次均匀拍打后，黑白分明的拓片即形成。这里的扑子，俗称"拓包"，用塑料薄膜包裹棉花，再在外包裹一层纹理细腻的丝绸或其他丝织物即可。拓包的大小根据器物大小而定，一般而言，在拓一件器物时需要两个拓包，一个用来匀墨，另一个则用于纸面轻轻扑打。（10分钟）

3. 拓片成果展示，点评与小结（20分钟）

拓片秀：或个人或分组展示拓片成果（见图1-30）。导师点评并奖励优胜者，并鼓励学生回家后将自己制作的拓片装框挂在书房。

图1-30 拓片展示

结束语：拓片是超越时空与古人对话的艺术，方法固然重要，更关键的是用心用智慧才能拓出匠心之作。

十三、研学评价

按照《宜昌市中小学研学旅行学生评价实施办法（试行）》的相关规定，细化本课程具体评价标准，对每名学生给予 A、B、C、D 等级的评价。

十四、研学单位

本课程由宜昌市三游洞风景区研学旅行基地提供。

基地地址：宜昌市夷陵区南津关路 8 号。

联系人：何健　　联系电话：18671607010。

赏析昭君村　践行"和美"文化

一、课程名称

赏析昭君村　践行"和美"文化。

二、课程内容

让学生了解西汉王昭君出塞和亲的历史故事及其体现出来的追求民族团结、家庭和睦、社会和谐、世界和平的"和"文化。是什么环境养育了古代四大美女之一的王昭君？这与昭君村的水土、气候、生产、生活、文化底蕴息息相关。王昭君不但外表美丽动人，她的心灵更美，成为几千年来一位出类拔萃的和平使者。

三、课程目标

（一）价值体认

创设情境，利用兴山这片沃土上的昭君故事及昭君文化，让学生体会"和睦、和谐、和平"的文化；爱美之心人皆有之，美不仅仅是外表，更重要的是内在的"心灵美"。

（二）责任担当

在教学中让学生感知王昭君的爱国情怀，培养学生从小就要有爱祖国、爱人民的责任担当意识。

（三）问题解决

让学生感知王昭君的聪明才智是从小勤学好问练就的，从而培养学生爱祖国、爱人民的情感。

（四）创意物化

通过参观当年王昭君家里的粮食加工工具（大小石磨、碓等），让学生亲自操作这些工具加工粮食（磨玉米面、稻谷加工成米），在实践加工中要体现团结、和睦、友好的精神。观赏奇特迷离的古迹遗址、保存完好的古汉自然生态景观，体验奇幻的立体沉浸式光影秀，品味独特浓郁的地方民俗文化，观看汉代宫廷仕女文化演艺节目等。

四、教学重点难点

本课程的教学重点是突出一个"和"字，教学难点是使学生牢记和感悟"和"，了解"和"对人类的意义及价值，从而形成积极的人生态度，增强对社会的责任心和使命感。

五、课程时长

175 分钟。

六、适合学段

小学高年级。

七、研学地点

王家老宅、昭君书院。

八、配备师资

以班级（每班 50 人）为单位，设置研学导师 1 名，助教 1 名。

九、研学准备

音响设备、电脑、投影仪、诗词卡片、铅笔、纸张。

十、研学流程

（一）研学知识导入（10 分钟）

欣赏兴山民歌——五句子歌（例如：五句子歌真好听，听我唱一个王昭君，胡汉和亲别朝廷，民族团结担重任，万古流芳传美名）。

（二）研学任务探究（55 分钟）

探究问题的提出：刚才同学们听到的歌唱的是谁？通过提问的方式来探讨王昭君小时候为什么那么优秀，老师及时做出启发式的评价。

听：今天老师给同学们讲王昭君的成长经历，王昭君约公元前 52 年出生在昭君村，虽然家庭并不富裕，父母见她平时顽皮，像个男孩子，对她的"仁义礼智信"教育没少操心。

看：看光影秀，整体感知两千多年前西汉历史以及匈奴游牧民族的生活。

观赏、感悟：观赏以"和"为主题的"和玺壁"浮雕墙。玉玺上的"天得和清，地得和宁，谷得和丰，人得和生"16 个字出自《老子三十九章》，意思是"天得到了和而变得清朗，地得到了和而变得安宁，庄稼得到了和而丰收，人得到了和而生存繁衍"，让同学们感悟以昭君为代表的人们渴望和平的共同理想。

观看实物：观看生产、生活工具，了解民俗文化。

（三）综合实践活动（80 分钟）

（1）让学生利用磨、碓加工米面，感受劳动的快乐与辛苦，再现古代劳动人民的生活场景。

（2）通过今天的听与看，画一幅你心目中的王昭君画像。

（3）王昭君的"和、美"，美在哪里？

"崇仁、崇义、崇礼、崇智、崇信，和亲、和平、和睦、和美、和谐。"这幅对联中的"五崇"是古时南郡秭归和兴山县传统教育的基础内容,王昭君在这种文化氛围中成长,对她的性格形成产生直接影响,这为她后来自愿请行出塞和亲奠定了思想基础。"五和"含义如下:"和亲"——大义之举;"和平"——促进汉匈平息烽烟;和睦——实现民族和睦相处;和美——文化交流交融;和谐——最后实现世界大同,达到民族之间、人与自然之间理想的最高境界。课程实践如图1-31所示。

(a)

(b)

(c)

图1-31　课程实践

（四）教学扩展（20分钟）

（1）为什么说王昭君是民族团结的和平使者？

（2）我们要学习王昭君的什么？

（五）结束语

香溪河水柳含烟，
情系昭君染画卷，
海棠依旧桃李争，
轻舟漫渡水云间。

十一、研学评价（10分钟）

按照《宜昌市中小学研学旅行学生评价实施办法（试行）》的相关规定，细化本课程具体评价标准，对每名学生给予A、B、C、D等级的评价。

十二、研学单位

本课程由宜昌市兴山县昭君村研学旅行基地提供。

基地地址：宜昌市兴山县昭君镇昭君村一组200号。

联系人：董静　　联系电话：13886671993。

十三、课程实景图片

昭君村研学活动实践如图1-32所示。

(a) 观看大型舞台剧《昭君别乡》

(b) 体验利用石磨加工米面

图1-32　昭君村研学实践活动

(c) 导师讲解王昭君成长故事

(d) 观赏感悟以"和"为主题的浮雕墙

续图 1-32

非遗文化——造纸术

一、课程名称

非遗文化——造纸术。

二、课程背景

时代之河流川流不息,传统文化延绵传承。今天,呈现在学生面前的非遗课堂,是亲和而独具魅力的。凝望历史才能展望未来,学生将回到历史的深处,回到文化的中心,畅游历史之浩瀚,感悟文脉之深邃。

非遗文化之造纸术,是文化传承、文学沟通的重要桥梁。通过造纸,培养学生的动手能力,激发学生的创造力和想象力,增强学生的民族认同感和自豪感,培育中华儿女对传统文化的热爱。

三、课程内容

本课程以"传承非遗文化"为主题,让学生了解造纸术和拓印技术,两者相融,在学习的过程中动手实操,在继承非遗文化的基础上创新。

四、课程目标

(一)价值体认

普及非遗文化,使学生感受非遗文化的魅力,激发对传统文化的热爱。

(二)责任担当

在小组分工制作纸张的过程中,学生能够服从小组分工,遵守秩序和纪律,培养学生规则意识、服务意识和集体责任感。

(三)问题解决

通过合作学习和小组探究,让学生掌握造纸术的基本原理,并能将其运用到纸张的制作过程中,去解决一些实际问题。

(四)创意物化

学生掌握造纸术以及在成型的纸张上加入自己创作内容的拓印技术,在课后积极主动探索其他非遗文化,并能将其运用到实际生活中去。

五、教学重点难点

（一）教学重点

学习造纸术并动手实践。

（二）教学难点

纸的成功制作和自主创新的拓印技术。

六、课程时长

90 分钟。

七、适合学段

初中年级。

八、研学地点

车溪嘉禾少年实践教育基地。

九、配备师资

每班配研学导师 1 名。

十、研学用具

木质框架、1 毫米左右的筛网、比框架大的盆、没上过蜡的可回收纸、容器（碗）、杵和臼、水淀粉、毡子或法兰绒、海绵。

十一、研学流程

（一）学生分组（5 分钟）

学生以 5—6 人为一组，并在每组选择一位同学作为小组组长，强调小组长的职责。

（二）情景引入（5 分钟）

非遗文化—造纸术—造纸—拓印。

（三）导师指导（20 分钟）

1. 准备原材料

（1）准备器具——在木制框架上绷紧一块纱布，将 1 毫米左右的纱网固定在框子上，此外还需要一个比木质框架大的盆。

（2）可回收纸——报纸、旧打印纸、笔记（只要没有上过蜡的纸都可以）。

注意：纱网必须绷紧，框架大小一定要满足纸张的大小；使用的原料纸的颜色和墨水都会影响成品的"灰度"（纸张颜色的明暗度）。

2.制作纸浆

（1）清理——把原材料中的塑料、订书针等杂物清理出去。

（2）撕成碎片——把纸撕成碎片，不用太小。

（3）纸片浸水——将纸片放入碗中，倒入水，浸泡。

（4）制作纸浆——当纸片变得湿软之后，将纸片和水倒入臼，用杵捣成黏糊物质（见图1-33）。

图1-33 制作纸浆

注意：如果想做彩色纸，尽可能使用深色墨迹较少的纸张；浸泡时可用温水，制成的纸浆一定要黏稠。

3.定型

（1）盆里倒水——往盆里倒入一半的水。

（2）倒入纸浆——纸浆量决定了纸的厚度。

（3）清理团块——将纸浆中大的团块清理出去使混合物均匀细腻，这样成品才平整。

（4）加水淀粉——因为纸的吸水性非常高，使用时墨会流得很快，可以在纸浆里加入水淀粉，避免墨水渗入纸的纤维中。

（5）放入框架——把框架浸入纸浆中，纱网一面朝下，浸没之后放平，轻轻地左右摇晃，使纱网上的纸浆均匀分布。

（6）取出纱网——轻轻地抬起纱网直至离开水面至盆的上方，当水从纸浆中流尽后，新纸的雏形就出来了。

（7）去除水分——将纱网拿出之后，需要去除多余水分，在纸的上面铺一块毛巾，在纱网的另一面垫上海绵吸水，还要经常拧一下海绵里的水分（见图1-34）。

4.整理

（1）将纸取下——当纸稍微干一些以后，将毛巾轻轻揭开，如果纸粘在纱网上，可能是压得太紧或者水分没挤干。

（2）晾干新纸——将纸从纱网上剥落，等待全干以后再取（见图1-35）。

5.艺术创作

可以在纸张中加入创作元素，比如花瓣、树叶等，使纸张更加有艺术气息（见图1-36）。没有两张纸是完全一样的。

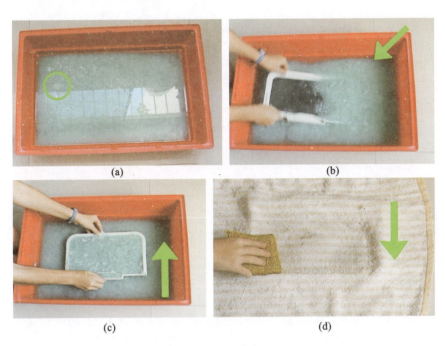

图1-34 定型

图1-35 剥落

图1-36 创作

（四）分组实操（30分钟）

（1）组长领取评价表。

（2）组内分工进行造纸并商讨新纸的创意。

(3)研学导师在一旁观察指导。

（五）成果展示（10分钟）
按小组进行新纸展示，讲述创作理念。

（六）交流评价（10分钟）
分小组，组内或小组之间分享学习收获、感悟及思考。
研学导师进行整体总结，指出缺点和问题，引导学生改善问题；指出学生的优点，增强学生对科学探讨的兴趣和积极性。

（七）课堂延伸（5分钟）
(1)除了可回收纸，还有哪些物品可以造纸？
(2)非遗文化还有哪些是与我们生活紧密关联的？

（八）整理归还器材（5分钟）
(1)小组长交叉检查其他小组器材整理情况，如有器材损坏、丢失的情况，及时报告导师。
(2)每小组派两名同学打扫制作区，将加工的材料、污垢、灰尘等打扫干净。
(3)研学导师检查各小组整理任务完成情况。

十二、研学评价

按照《宜昌市中小学研学旅行学生评价实施办法（试行）》的相关规定，细化本课程具体评价标准，对每名学生给予 A、B、C、D 等级的评价。

十三、研学单位

本课程由宜昌市车溪嘉禾少年实践教育基地提供。
基地地址：宜昌市点军区车溪风景区。
联系人：易丽丽　　联系电话：18071328852。

敲起漳河大鼓　唱响时代新曲

一、课程名称

敲起漳河大鼓　唱响时代新曲。

二、课程内容

1600多年的历史造就了洧溪古镇厚重、悠久的文化。本课程就是通过参观洧溪民俗博物馆，沉浸式体验和了解湖北省非物质文化遗产——漳河大鼓的相关知识，使学生在认识漳河大鼓的同时，深度体会洧溪人民乐观豁达、兼容并蓄、敢为人先的精神，激励学生树立民族文化自信。

三、课程目标

（一）价值体认

通过对漳河大鼓这一艺术形式的学习，培养学生对民族文化的兴趣与认同感，养成健康向上的审美意识，增强民族自信。

（二）责任担当

以唱、打结合的团队表演形式，锻炼学生与人共处、善于沟通的能力，培养学生互相配合、和谐统一的团结协作意识。

（三）问题解决

通过学习，了解湖北省非物质文化名录中"漳河大鼓"的相关知识。跟随研学导师，学习体验漳河大鼓的唱打技巧。

（四）创意物化

将课程所学"唱""打"技巧灵活运用，鼓励和帮助学生从日常生活中拣选素材，创作属于自己的漳河大鼓曲目。培养学生的创新意识，锻炼学生的综合语言表达能力。

四、教学重点难点

（一）教学重点

研学导师引导学生学习漳河大鼓，使学生整体把握本课程内容，理解这一艺术蕴含的文化价值并增强民族文化自信心。

（二）教学难点

研学导师分步教学，引导学生主动探索漳河大鼓相关知识，并使学生学会漳河大鼓的基本"唱""打"技巧。

五、课程时长

90分钟。

六、适合学段

小学年级。

七、研学地点

当阳市淯溪民俗博物馆及博物馆大广场。

八、配备师资

研学导师1名。

九、教学用具

小鼓、鼓签、鼓架、教学视频、音响设备。

十、研学流程

（一）行前

从下发的研学手册中，提前预习当阳淯溪漳河大鼓的相关历史知识（见图1-37）。

图1-37　漳河大鼓历史知识

（二）行中

1.导师组织学生进入博物馆参观、学习，让学生了解漳河大鼓的前世今生（15分钟）

（1）导师介绍漳河大鼓起源与发展历史。

从漳河大鼓名称由来的角度为学生梳理该艺术形式的起源。

当阳淯溪民俗博物馆坐落在当阳市淯溪镇，淯溪镇作为当阳市的三大古镇之一，距今已有1600多年的历史，因为其独特的地理位置，发生了很多历史重要事件，例如西汉末年的绿林起义、三国战争时期的诸多事件等。同时，淯溪镇也正好处在漳沮流域先楚文化的发祥地带。这些璀璨的历史文化闪光点，不仅变成了博物馆内各种丰富的藏品，也被当地智慧的人们以一种特殊的艺术形式保存下来，传唱至今，成为当地民俗文化历史的"活化石"。这就是淯溪镇被收录在湖北省非物质文化遗产名录中的漳河大鼓。也正因为淯溪镇与漳河流域文化一脉相承，密不可分，所以虽然是诞生在湖北当阳的民间艺术，却被命名为漳河大鼓。

（2）带领学生参观博物馆。

研学导师带领和组织学生参观博物馆内漳河鼓韵的特色展厅（见图1-38），让学生了解漳河大鼓近代以来，在当阳淯溪落地生根的发展过程，并通过知识竞赛的方式考察学生的掌握情况，可提出如下问题：

问题一：近代漳河大鼓的主要创作对象有哪些？

问题二：漳河大鼓是在什么时候被正式定名为漳河大鼓的？

图1-38 展厅

2.研学导师组织学生鉴赏和学习相关曲目，并以知识问答的形式，对学生的掌握情况进行考察和评价（5分钟）

根据学情，组织学生在多媒体会议厅学习鉴赏漳河大鼓的各类曲目（见图1-39），让学生能够切身感受到漳河大鼓这一民间艺术形式的独特魅力。

表演主要曲目

当阳打鼓说书的书目繁多，内容涉及大致有如下几个方面：

（一）历史演义类：《唐明皇》《三国演义》《水浒传》等。

（二）武侠义士类：《杨七郎打擂》《秦琼打擂》等。

（三）传奇公案类：《扁刀案》《茶客珠宝案》《审双钉》《乌金记》等。

（四）道德风尚类：《二十四孝》《沉香救母》《劝书文》等。

（五）生活故事类：《天仙配》《梁山伯与祝英台》《四下河南》等。

（六）时政宣传类：《三面红旗》《学雷锋》等。

图1-39 曲目

3.学习击鼓与歌唱技巧（70分钟）

（1）根据学情，组织学生遵循漳河大鼓随唱随打的艺术表现形式，按照生活情境自行填词创作曲目或者学习经典曲目。（10分钟）

（2）在确定演唱曲目后，由当地非遗传承人教授学生打鼓演唱的基本动作、站姿以及持鼓姿势。（5分钟）

（3）在导师的引导下，组织学生由易到难学习表演曲目的鼓点节奏，同时结合唱词，带领学生边打边唱，完整演绎所学曲目。（15分钟）

（4）完成鼓点节奏与唱词学习后，组织学生按照自身意愿编排动作与队形，互相配合练习，并集体展示排练后的学习成果（见图1-40）。（30分钟）

图1-40 排练

（5）总结本次课程重点，请学生派代表进行分享总结，并给予相应评价。（10分钟）

（三）行后

鼓励学生，按照所学鼓点节奏以及相关知识，利用身边的打击乐器，挑选生活中的素材，自行创编漳河大鼓曲目。

十一、研学评价

按照《宜昌市中小学研学旅行学生评价实施办法（试行）》的相关规定，细化本课程评价标准，对每名学生给予 A、B、C、D 等级的评价。

十二、应急预案（安全保障）

授课过程中安排助教进行巡查监督，基地内有消防安全通道，配置专业的队医和医疗救护装备，有效处理意外状况，保证研学活动安全有序进行。

十三、研学单位

本课程由当阳市淯溪民俗博物馆研学基地提供。

基地地址：湖北省宜昌市当阳小河桥路8号。

联系人：谢天　　联系电话：18727689052。

第二章 自然生态篇

DIERZHANG ZIRAN SHENGTAI PIAN

行走清江画廊　体验生态文明

一、课程名称

行走清江画廊　体验生态文明。

二、课程内容

领略清江画廊研学基地秀丽的山水风光（见图2-1），普及环保知识，通过实际动手操作实验——测量清江水的pH值，测量清江水透明度，以自主探索、小组团结协作探究课题的形式，让学生体验研究性学习的整个过程。通过参加清江画廊研学课程，让学生感受祖国大好河山，增强人与自然和谐相处、自觉保护环境的意识。

图2-1　清江画廊研学基地

三、课程目标

（一）价值体认

围绕研学基地优越的自然资源，让学生充分接触社会和自然，感受清江美丽风光的同时，以生态环境保护为主题内容进行实际操作实验，培养学生自觉保护环境意识，感受人与自然和谐相处的重要性，培养"我是文明研学人"的社会公德意识。

（二）责任担当

通过参加本次研学课程，善于发现生活中一些不文明的行为，并有初步养成良好行为习惯的意识，具有积极参与研学课程的意愿。

（三）问题解决

在研学导师的引导下，学生提出感兴趣的环保小问题，并将问题转化为研究小课题进行动手实验，让学生体验实验研究的过程，完成自己的实验课题分享，形成对问题的初步解释。

（四）创意物化

通过参与本次研学课程，动手操作完成小画卷，初步掌握手工制作的基本技能，发挥自己的想象力将生活中常见的一些物品制作成清江创意山水画，锻炼动手能力和创造力。

四、教学重点难点

（一）教学重点

引导学生掌握溶液酸碱度的表示方法——pH 值的范围，使学生了解 pH 值与测量溶液酸碱度的关系，了解溶液酸碱度在实际生活中的意义。

（二）教学难点

引导学生掌握正确测量清江水的 pH 值和清江水的透明度的实验方法。

五、课程时长

90 分钟。

六、适合学段

小学高年级。

七、研学地点

清江画廊仿古游船（见图 2-2）。

图 2-2 清江画廊仿古游船

八、配备师资

每班配 1 名研学导师,安全员。

九、研学用具

(1)测量清江水的 pH 值工具:烧杯、量筒、水桶、pH 试纸、pH 标准缓冲试剂、醋、小苏打、纯净水、清江水样。

(2)测量清江水透明度工具:塞氏盘、皮尺。

(3)百米画卷小手工工具:垃圾分类手工卡片、模拟垃圾箱、废物利用相关材料包(包括胶水、剪刀等相关制作工具)。

十、研学流程

(一)安全小提示(10 分钟)

正式开课前进行现场安全第一课,研学导师组织学生观看乘船安全提示片,对学生进行现场安全知识教育和提醒,游船安全员协助研学导师演示救生衣使用方法。

(二)欣赏清江山水风光(20 分钟)

(1)研学导师带领学生参观清江的自然风光,以提出如何保护清江为课程导入,引出后续将要开展的课程内容。

(2)带领学生了解清江生态环境,研学导师引出清江水资源的开发利用现状,介绍隔河岩水利枢纽工程。

(3)介绍清江上隔河岩水库坝上水质自动监测站(2019 年被生态环境部命名为全国首批 100 个"最美水站")的作用。

(4)通过清江两岸的自然资源引出"清江之美,美在大地皆苍翠"的理念,为下一个课题做铺垫。

(三)保护清江生态环境(30 分钟)

测量清江水的 pH 值与清江水的透明度。学生在研学导师带领下以自主探索、小组团结协作的形式开展,体验研究性学习的整个过程。

1. 实验一:测量清江水的 pH 值

学生分小组在研学导师带领下,借助水质检测设备检测清江水质。研学导师提前准备 4 种不同的水质:酸性、碱性、纯净水、清江水,分别让学生用 pH 试纸测量(酸性水使试纸颜色呈红色,酸度越大红色越深;碱性水使试纸颜色呈蓝色,碱性越大蓝色越深),对比了解清江水质的 pH 值。了解我国生活饮用水的标准(饮用水的 pH 值标准为 6.5—8.5,最佳值为 7.5),进一步增强学生节约用水、爱护水资源的意识。

2. 实验二:测量清江水透明度

学生代表跟随研学导师和安全员将塞氏盘放入清江中,直至看不见塞氏盘为止;

小组其他成员记录数据（数值越大代表水越清澈、水质越好）。让学生代表将自己的所见所想分享给其他学生。学生在研学导师引导下加深保护环境意识。

（四）百米画卷小手工（25分钟）

导师带领学生学习垃圾分类小常识，将可回收垃圾进行废物利用，变废为宝。

（1）垃圾分类小游戏互动：导师给学生提前分发各类垃圾小卡片，研学导师带领学生分小组比赛进行垃圾分类。让学生在互动和小游戏中学习垃圾分类小常识，引导学生争做"垃圾分类小达人"。

（2）手工操作，变废为宝：研学导师提前准备材料包，学生分小组利用材料包里的小物品进行绘画创作，制作"百米画卷"，让学生在手工操作中锻炼动手能力，从而体会到垃圾在正确的使用下也能起到积极的作用。

（五）课程小结（5分钟）

研学导师带领学生总结回顾课程，引导学生巩固本次课程所学知识，指导学生开展反思和反馈活动，强化学习效果。

十一、研学评价

按照《宜昌市中小学研学旅行学生评价实施办法（试行）》的相关规定，细化本课程具体评价标准，对每名学生给予A、B、C、D等级的评价。

十二、安全保障措施

（1）实验材料均安全环保，实验过程中研学导师与安全员全程陪同，保障学生在实验动手过程中的安全。

（2）乘船进行的研学课程，基地专船专用，除每班1名专业研学导师开展课程外，船上有两名安全员全程陪同，保护学生研学活动安全，每艘船上都安装有多个监控探头，遇到突发情况及时处理，确保在研学过程中学生乘船研学的安全性。安全员在各个活动地点提醒学生安全注意事项。

十三、研学单位

本课程由宜昌市长阳清江画廊研学基地提供。

基地地址：宜昌市长阳县龙舟坪镇清江路88号。

联系人：管永娥　　联系电话：15271459984。

触摸地球金钉子　学做岩石鉴定师

一、课程名称

触摸地球金钉子　学做岩石鉴定师。

二、课程内容

（1）引导学生了解长江三峡地质概况、三峡大坝地质概况和三峡大瀑布的地质概况，使学生了解部分地质常识。

（2）引导学生学习世界奥陶系金钉子结构的基本地质特征。

（3）使学生初步掌握根据岩层中的化石划分地质年代进而判定全球标准地层剖面（俗称金钉子）的基本方法（见图2-3）。

图2-3　学生学习并掌握判定金钉子方法

三、课程目标

（一）价值体认

（1）引导学生系统学习三峡地区的地质地貌常识，使学生认识三峡地区丰富的地质资源、世界上可穿越的最大峡谷——长江三峡、世界最大的水利枢纽工程——三峡工程、中国十大名瀑布之一——三峡大瀑布、长江三峡国家地质公园珍贵的世界奥陶系金钉子结构，产生对地质科学的兴趣。

（2）引导学生学习整理相关地质科普知识，引导学生增强热爱祖国大好河山的意识和树立投身祖国建设的远大理想。

（3）引导学生系统地整理地质科普知识，帮助学生形成科学认知事物、科学利用环境的科学态度。

（二）责任担当

（1）引导学生在学习过程中运用探究学习的方法，通过师生充分交流、资料查阅、实地考察等方式熟悉科学调查的一般方法。

（2）引导学生分组学习、考察，帮助学生增强团队意识和互助意识，使其能主动作为，履职尽责，遵守规则，理性行动。

（3）引导学生集体研讨，形成坚持可持续发展理念与绿色生活方式等共识。

（三）问题解决

（1）让学生初步了解地球构造、岩石分类、地质年代划分等知识，掌握金钉子的评定标准和意义。

（2）锻炼学生的动手动脑能力；培养学生的团队协作能力。

（四）创意物化

（1）引导学生动手动脑，将地质知识以形象的手工模型、岩石分类表、化石标本等形式进行展示，完成研学报告。

（2）引导学生在制作过程中加强对相关知识的认知和掌握。

四、教学重点难点

（1）结合初中的地理知识，使学生掌握地球的分层结构、岩石的分类、地质年代的划分等知识。

（2）引导学生了解地质领域世界金钉子的评定标准和其对古气候、古环境以及地球资源保护与开发的深远意义。

（3）引导学生完成研学手册，获得金钉子研学的长江三峡国家地质公园勋章。

五、课程时长

90分钟。

六、适合学段

初中年级。

七、研学地点

多媒体厅、寒武研学广场。

八、配备师资

每班50人以内，配备导师1人，助教1人。

九、研学用具

金钉子勋章、地球小达人纪念章、地球结构制作材料及工具、岩石标本、化石标本、放大镜、小铲子、木刷、多媒体设备、展示盒、标签、笔纸等。

十、研学流程

（一）行前准备

学生行前收集关于地球形成、岩石的种类、长江三峡和金钉子的相关知识，研学导师引导学生了解地质科普知识并相互讨论，提升学生对祖国山河的热爱之情和对全球命运共同体的认知。

（二）课程实施及问答环节（40分钟）

（1）学生观看视频了解神奇的地球是如何形成的、地球的年龄和内部结构是怎样的？学生在课堂上分组完成地球分层结构的模型制作。

（2）研学导师对三峡地区常见的岩石种类进行展示和讲授，使学生了解海陆的变迁，对岩层地貌、自然生态以及基地地质景观资源的影响。

（3）研学导师引导学生了解恐龙生活的地质时期和化石知识，以及恐龙化石对地质年代划分的重要意义。

（4）研学导师通过PPT展示宣讲地质金钉子的含义，使学生了解长江三峡国家地质公园的申报故事和金钉子的评定标准，使学生掌握基地金钉子的数量和相关知识，激发学生对家乡和祖国的地质资源进行保护和开发的兴趣（见图2-4）。

图2-4　课堂实施及问答

（三）课堂体验及实践环节（50分钟）

引导学生动手完成地球构造模型的制作，辨认岩石标本和化石标本，使学生对地质知识产生浓厚的兴趣；引导学生在探索和制作过程中端正一丝不苟、实事求是的科学态度；使学生掌握善于观察、勤于动手的工作方法；使学生增强团结协作意识，锻炼学生分工协作能力，共同完成小组任务。

按照10人一组进行分组，选出组长，进行人员分工安排。

研学导师在这一过程中进行指导。选举可通过自荐、评选、抽签等方式进行，旨在让学生了解选举的基本流程，引导学生积极主动承担责任，培养学生的领导能力、团队协作能力。

学生在研学导师的指导下，领取物料和工具，按照分组步骤开展研学实践活动。

（1）地球构造模型制作（10分钟）。

制作材料：

黏土、制作工具。

制作步骤：

①学生在研学导师的指导下，学习巩固地球的构造知识，了解地核、地幔、地壳在地球中的位置和比例。

②学生先制作地核模型，了解地核的实际大小、形态、温度、颜色等知识。

③学生制作地幔模型，了解地幔的作用以及地幔引起的地质灾害如地震、火山爆发等知识。

④学生制作地壳模型，了解地壳的构造、厚薄，了解地壳对形成平原、山脉、海洋等不同地貌的作用和区别。

⑤学生制作海洋圈和生物圈模型，巩固地球上各大洲大洋的分布知识。

⑥学生制作大气圈模型并进行评比，通过自评、互评、师评等方式评选出模型完成度最高的小组。研学导师向获评小组颁发地球小卫士纪念章。

⑦研学导师对各组模型进行点评，对学生在制作过程中出现的问题进行点评，加强学生对知识点的了解和掌握。

（2）岩石的分类（20分钟）。

制作材料：

标本分类盒、石料堆、放大镜、小铲子、木刷、标签。

制作步骤：

①在研学导师的指导下，学生对岩石的分类知识进行学习巩固。

②在研学导师的带领下，学生在石料堆里收集岩石标本。研学导师在收集过程中对不同岩石类型进行讲解，学生按研学导师的指导收集不同类型的岩石标本。

③研学导师用木刷、铜钥匙等不同硬度的材料在岩石表面进行刻画，让学生对不同岩石的硬度有初步的印象和了解。

④学生对收集来的岩石进行整理，对应岩石的三大分类进行分辨归类。

⑤学生擦拭岩石标本，填写标签放入标本盒收藏。

⑥进行评比，通过自评、互评、师评选出岩石分类完成情况最好的小组，研学导师向获评小组颁发地球小达人勋章。

⑦研学导师对学生的岩石收集和分类情况进行点评，对学生在收集和分类中出现的问题进行点评，加强学生对相关知识点的了解和掌握。

(3)化石的辨认（20分钟）。

制作材料：

三叶虫化石、震旦角石、笔石、小铲子、木刷、手套、托盘。

制作步骤：

①在研学导师的指导下，学生对地球地质年代分类知识进行学习巩固，了解不同地质年代主要的生物化石物种。

②学生在研学导师的带领下，对寒武纪三叶虫化石进行初步了解，掌握三叶虫生活的地质年代特点，思考其作为海洋生物为什么会出现在山脉岩层中。

③学生对照三叶虫化石、震旦角石、笔石的图片，认识和了解化石形态特点，了解生物进化演变的过程及对应的地质年代，并在石料堆里寻找和辨认化石（见图2-5）。

④进行评比，通过自评、互评、师评选出化石对应地质年代辨认及研学报告完成度最高的小组（见图2-6）。

图 2-5　辨认化石

图 2-6　完成研学报告

（四）展示交流

各小组组长汇报本小组研究成果，小组组员进行补充，研学导师总结评价，学生再次回顾反思。研学导师对三项实践活动完成最好的小组颁发地质金钉子勋章。

（五）反思评价

（1）研学导师和助教人员根据各组学生的学习成果、课堂表现，对各组学生进行综合评价。

（2）学生根据与其他组学生的对比和老师的评价，以及与同学间的协作情况，整理和反思自己在整个课程中的表现，进行自评和互评。

（3）学生、家长、学校等对整个研学过程（包括研学导师）进行综合评价。

（六）拓展延伸

返校后，学校可引导学生对相关知识进行梳理和整理，以期帮助学生建立初步的地质科学知识体系，对地质科学知识产生浓厚兴趣，并在心中种下投身地质科学研究的种子。

十一、研学评价

按照《宜昌市中小学研学旅行学生评价实施办法（试行）》的相关规定，细化本课程具体评价标准，对每名学生给予A、B、C、D等级的评价。

十二、研学单位

本课程由三峡晓峰旅游区研学基地提供。

基地地址：宜昌市夷陵区黄花镇新坪村四组。

联系人：吴张怡　　联系电话：13872605949。

领略热带风情　亲植多肉萌物

一、课程名称

领略热带风情　亲植多肉萌物。

二、课程内容

世界沙生植物有一万多种,而我们同心花海的沙漠王国里有40余科近800余种植物,通过同心花海沙漠王国这个华中地区最大的热带沙漠植物展馆,同学们在家门口就可以欣赏来自非洲的沙漠精灵,感受沙漠绿洲的清新和不一样的异域风情,并DIY种植多肉植物,提高动手能力。

三、课程目标

(一)价值体认

引导学生观察热带沙漠植物的生活习性,学习它们顽强的生命力,以及它们身处逆境、坚强不屈的抗争精神。

(二)责任担当

引导学生在课程过程中,主动遵循活动规则,积极服从小组分工,开展团队合作,增强团队凝聚力和执行力。

(三)问题解决

引导学生学习和了解非洲热带植物的生活习性,并通过研学导师现场示范,独立完成多肉植物的栽种并掌握其日常养护技巧。

(四)创意物化

引导学生认知热带沙漠植物并动手种植,培育学生的观察能力、创造性思维能力,并提高学生的动手能力。

四、教学重点难点

(一)教学重点

(1)介绍热带沙漠植物。
(2)学生DIY种植多肉植物。

（二）教学难点

学生 DIY 种植多肉植物。

（三）重点难点突破方法

（1）导师通过小故事吸引学生，将热带沙漠植物特性与日常生活相关联。

（2）研学导师示范种植多肉植物。

五、课程时长

180 分钟。

六、适合学段

小学高年级。

七、研学地点

同心花海热带沙漠植物展馆。

八、配备师资

每 50 名学生配备研学导师 1 名。

九、研学用具

场馆内多肉植物、花盆、沙土、碎石、小铲子。

十、研学流程

（一）课程知识点导入（15 分钟）

（1）研学导师向学生描述空旷无边、渺无人烟、黄沙遍地、热浪袭人的沙漠景象，人类是不适合在那样的环境中生存的，但是沙漠中有很多植物顽强生长着。

（2）研学导师提问：同学们见过或者想象中的沙漠是什么样子？同学们在现实生活中或者在网络上见过哪些沙漠植物？

第一个环节"通过描述，创设情境"。设计的目的是激发学生强烈的学习兴趣，同时也为学生营造出轻松、活泼、感兴趣的教学情境。

（二）研学任务实践探究（140 分钟）

分组，选举小组长（5 分钟）。

布置任务，让学生通过植物标识牌，认识更多的热带沙漠植物，了解植物的科目、产地（35 分钟）。

注意事项：学生不得拥挤推搡，防止被仙人掌科植物刺伤。①研学场馆内都备有医药箱，如果刺得比较浅，随行研学安全员先把刺取下来，用碘伏将被扎到的地方进行擦拭消毒。②如果刺得比较深，联系问安镇卫生院，找专业的医师来解决；如果伤口出血，一定要彻底地清理伤口，用水进行冲洗，再挤出血，外用碘伏，不要封口包扎，要保持局部的清洁和干燥。

A组找寻展馆内仙人掌科植物名称，B组找寻展馆内景天科植物名称，C组找寻展馆内产地在非洲的植物名称，D组找寻展馆内产地在南美洲的植物名称。

第二个环节"提出问题，导入课程"。根据学生的年龄，布置比较容易寻找的植物种类，让学生们了解问题，接受任务，增强教学内容的趣味性。

各组组长分享汇报（15分钟）。

第三个环节"分组合作，解决问题"。采用调整课堂的方式，给学生带来新鲜感，引起学生兴趣，然后通过各小组依次分享汇报，同学们再一次加深记忆，了解热带沙漠植物的种类、科目、产地。

根据各组找寻结果，研学导师讲解展馆内特色植物（40分钟），举例如下。

默默奉献的吉祥冠。

研学导师讲解：吉祥冠，又名吉祥天。这种植物每年都开花，花能吃，非洲鸟类特别喜欢吃它，因为它的花是非洲鸟类的食物，就像我们人类吃水果一样。

同学观察后分组发言：首先观察整个植物形状，然后观察它的叶片形状并说出它与其他植物不同的外在特征。同学们可通过手机现场查询，自由发言，说出自己了解的吉祥冠小知识。

研学导师讲解：吉祥冠有奉献精神，它的寿命只有15年。前面14年也每年开花但光开花不结果，只有到第15年开花后结果，开花结果后这颗吉祥冠的寿命也就到头了。它结的果经过鸟类的传播能发育出300多个幼苗。也就是说，为了这一次的结果，它准备了14年的时间，而且结果后它的能量就耗尽了，生命就到了终点，所以说它为了后代的繁殖奉献了自己。

学生根据吉祥冠的奉献精神，分组讨论，思考身边是否有类似奉献精神的人，例如父母、老师、环卫工人、解放军叔叔等。

研学导师根据学生的发言进行总结分析。

神奇的火凤凰多肉。

研学导师讲解：火凤凰多肉，产地在非洲，培植在中国，它被喻为当地的天气预报员。

同学观察后分组发言：首先观察整个植物形状，然后观察它的叶片形状并说出它与其他植物不同的外在特征。同学们可通过手机现场查询，自由发言，说出自己了解的火凤凰多肉小知识。

研学导师讲解：在非洲，人们经常会通过火凤凰多肉叶片的颜色来了解近期的天气情况。叶片变成红色预示近几天天气晴好，叶片变为绿色预示近期会有雨水。

学生根据火凤凰多肉的特殊习性，分组讨论，思考身边是否有可预知天气情况的物品，比如下雨前夕地面回潮、蜻蜓低飞等。

研学导师根据学生的发言进行总结分析。

第四个环节"特色植物,重点讲解"。前面课程的互动,已经提高了学生的兴趣和注意力,再挑选有意义、有特色的两种关键植物讲解,起到事半功倍的效果。

体验多肉DIY(35分钟)。

我们学习了这么长时间,认识了这么多的热带沙漠植物,那么想不想带一个小植物回去养呢,而且还是自己亲自栽种的呢。为了让大家加深对沙漠植物的了解,接下来,学生将亲自动手栽种一个沙漠植物,体验多肉DIY,并且这个植物可以带回家。

种植步骤:

研学导师进行多肉DIY种植前安全提示(5分钟)。

学生准备领取多肉DIY种植的植物(5分钟)。

学生听研学导师讲授种植要领,了解植物生活习性、土壤配比等相关知识(5分钟)。

学生按研学导师要求做好准备工作(5分钟)。

学生亲自动手种植多肉植物(10分钟)。

学生种植好的成品。

研学导师对种植的作品进行点评(3分钟)。

写好自己的名字,将多肉植物用便携袋装好(2分钟)。

第五个环节"自己动手,自主探索"。课程已经过半,学生的注意力已经慢慢分散。为了再一次激发学生的学习兴趣,本环节让学生自己动手,此时活泼好动的学生又有了属于他们的激情。

参观羊驼(10分钟)。

同学们认识这个可爱的小家伙吗,知不知道它的名字呢?简单介绍下它:这只羊驼有2岁了,来自澳大利亚,性格温顺,但是大家注意,这只羊驼是有脾气的,它不喜欢别人站在后面,站在它后面,它会踢人的,所以大家一定要站在前面。而且这只羊驼和我们人类一样,有自己的喜好。如果你是它喜欢的人,它就会对你很亲切;如果它不喜欢你,可能会朝你吐口水。我们这个可爱的小家伙喜欢吃胡萝卜、南瓜、白菜、稻草等带甜味的食物。如果你喜欢它,可以和它拍照哦。

第六个环节"认识萌宠,增长见识"。完成了以上教学任务,让学生认识羊驼,增长学生见识。让学生和羊驼的近距离接触,满足他们的好奇心、培养他们的爱心。

(三)研学成果展示(25分钟)

(1)学生分组选出多肉DIY种植最优秀的作品,研学导师现场点评。

(2)学生分组发言,通过学习了解热带沙漠植物,说出热带沙漠植物与其他一般植物的区别。

(3)引导学生思考沙漠中的动物是否与植物有相同特性。

十一、研学评价

研学评价具体见表 2-1。

表 2-1　研学评价表

等级标准	等级评定	分值
提前预习、了解热带沙漠植物知识,认真参与学习,积极参与导师提问,并能举一反三;能独立完成多肉 DIY 种植,美观有创意	A 等,优秀	90 分以上
提前预习、了解热带沙漠植物知识,认真参与学习,积极参与导师提问;能独立完成多肉 DIY 种植	B 等,良好	70—89 分
通过导师讲解能了解热带沙漠植物知识,能参与学习,能在导师指导下完成多肉 DIY 种植	C 等,合格	60—69 分
课程学习不认真,不能完成多肉 DIY 种植	D 等,有待提高	60 分以下

十二、研学单位

本课程由枝江市同心花海农业旅游开发有限公司研学基地提供。

基地地址:枝江市同安镇同心桥村。

联系人:黄晓莲　　联系电话:18007200728。

挖掘恐龙化石　追溯生命起源

一、课程名称

挖掘恐龙化石　追溯生命起源。

二、课程内容

太清洞独特的大唇犀化石骨骼完整，可识别度高，是太清洞区别于其他岩溶洞穴的重要资源。本课程以一次奇妙的地质科考之旅来进行，每一名学生都将化身为地质科考家，通过亲自寻找大唇犀化石，学习有关古生物大唇犀的相关知识和古生物化石的基本常识，来了解数十亿年来地球的地壳运动和生物进化过程。

三、课程目标

（一）问题解决

通过观察和学习，让学生掌握古生物的进化历程，了解化石的成因，培养科学考察的能力和独立思考能力。

（二）责任担当

通过本节课的学习，提高学生对环境生态及古生物化石的保护意识。

（三）创意物化

通过恐龙化石挖掘体验任务，培养学生的实践动手能力和创新精神。

（四）价值体认

了解古代生物起源的有关知识，掌握古生物化石的基本常识，培养学生对地球科学的热情和兴趣。

四、教学重点难点

（一）教学重点

研学导师以知识问答的形式，引导学生了解化石的类型以及古生物化石形成的原因。

（二）教学难点

研学导师通过实地挖掘的教学方式，激发学生探索远古生命遗迹的热情和兴趣，使学生增强尊重自然、敬畏生命的意识。

五、课程时长

90分钟。

六、适合学段

小学高年级。

七、研学地点

大唇犀化石保护处。

八、配备师资

每班1名研学导师。

九、研学用具

研学导览图、大唇犀化石、化石模具、防护镜、考古铲、地质锤、考古刷、古生物年代表、化石保护倡议书。

十、研学流程

（一）行前

通过研学手册，指导学生提前了解地质科考的对象及工具是什么。

（二）行中

1. 课程导入：情景导入，学生分组（10分钟）

（1）通过一支地质探险小队的小故事让学生角色代入，在布谷鸟开展一次奇妙的地质探险旅程（5分钟）。

（2）导师对学生分组，每十人组成一支地质科考小队，选出队长命名队名，分发研学导览图、化石倡议书（5分钟）。

2. 集体探究（30分钟）

根据导览图寻找大唇犀化石（见图2-7）所在位置，师生互动探究。

（1）引导学生观察大唇犀化石的骨骼形态，确认骨骼是否完整，判断该动物生前以何为食。

（2）以KT板为图例，以互动探究方式，探究古生物化石形成的过程。

问题一：化石是怎样形成的？

问题二：化石形成条件是什么？

（3）以类比方式讨论大唇犀和现代犀牛之间的连系，探究生物是怎么演化的，以及犀牛存活至今的原因。

（4）总结大唇犀化石的发现历史和研究性价值。

（5）拓展思考大唇犀灭绝原因，畅想远古生命复活的可能性。

图 2-7　大唇犀化石

3.分组实践：分组进行挖掘实践活动，体验考古挖掘的乐趣（户外实践场地）（30分钟）

（1）每 5—10 人为一组，分发防护镜、手套、地质锤、考古刷、考古铲等工具（见图 2-8）。

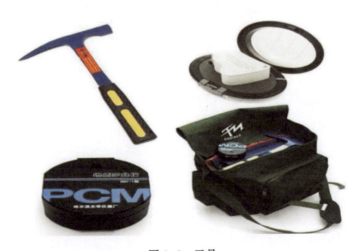

图 2-8　工具

（2）由导师讲解考古挖掘的技巧方法、工具的使用方法，以及挖掘中所需要注意的操作事项。

（3）戴上防护镜和手套，使用地质锤凿开土块，挖开埋葬在土里的化石，注意力集中，以防破坏骨骼。

（4）用毛刷轻轻将表面的粉末刷干净，刷子与铲子配合使用，一直到化石出土

（见图2-9）。

(5) 将挖掘出来的骨头化石洗干净，然后组装拼接。

(a)

(b)

图2-9 实践

4. 成果展示（20分钟）

（1）各探险小队展示所挖掘到的化石。以化石的完整度为标准，研学导师评选优秀作品。

（2）动物保护大家谈：为了不让动物在我们这一代面临灭绝的危险，为了让我们的子孙后代不会像今天的我们只能对着大唇犀的模型想象它的样子，我们应该怎么做？

（3）朗诵古生物化石保护倡议书。

（三）行后

尝试绘制一张古生物化石形成图。

十一、研学评价

按照《宜昌市中小学研学旅行学生评价实施办法（试行）》的相关规定，细化本课程具体评价标准，对每名学生给予A、B、C、D等级的评价。

十二、应急预案（安全保障）

（1）研学导师在活动开始时面向全体学生宣讲纪律和要求，尤其是在动手实践操作中的安全须知，确保人人知晓。

（2）研学导师全程带领学生学习化石相关知识，负责研学过程中的安全保障。

（3）按照基地统一制定的安全预案和紧急事故处理方案具体实施。

十三、研学单位

本课程由宜昌市布谷鸟研学旅行基地提供。

基地地址：湖北省宜昌市远安县木瓜铺村一组焦家畈。

联系人：曾勇　　联系电话：13986797237。

垃 圾 分 类

一、课程名称

垃圾分类。

二、课程内容

（1）认识宜昌市垃圾分类有几类？宜昌市垃圾分类针对生活中常见的127类垃圾进行了分类，分别分为四类，以下是具体的分类标准。

可回收垃圾：报纸、传单、杂志、旧书、纸板箱及其他未受污染的纸类，铁、铜、铝等金属类制品，玻璃类和包括泡沫、塑料瓶等除塑料袋外的塑料制品以及牛奶盒、饮料瓶等，厨房及个人护理小家电等68类。

有害垃圾：废弃电池、荧光灯管、温度计、血压计、药品、杀虫剂、胶片及相纸、染发剂、过期化妆品、废弃油漆桶、废弃打印机墨盒等20类。

厨余垃圾：剩菜剩饭、菜梗菜叶、茶叶渣、植物落叶、废弃食用油、水果残余、动物骨骼内脏等22类。

其他垃圾：纸杯、照片、复印纸等受污染无法再生的纸张、塑料袋及破旧陶瓷品、妇女卫生用品、一次性餐具、烟头、灰土等17类。

（2）学习使用Scratch编程软件，跟随研学导师了解编程软件的操作界面，完成简单程序的自我设定，熟悉并掌握移动程序、循环程序、计分程序的编写。

（3）研学导师讲解垃圾分类程序的设定要求，分发程序所需素材。学生按照要求，完成自己垃圾分类程序游戏的搭建，并演示其成果。

三、课程目标

（一）价值体认

认识宜昌市的垃圾分类，了解垃圾分类的具体细则，知道生活中常见的生活垃圾该如何分类处理。

（二）责任担当

树立环保意识，培养良好的生活习惯，做到垃圾分类处理。

（三）问题解决

学习编程软件操作，学生学习并掌握移动、循环以及计分程序指令的设计编写。

（四）创意物化

根据任务设定，学生完成垃圾分类程序游戏的制作，需包含四大类垃圾分类，生活常见垃圾以及计分系统。

四、教学重点难点

（一）教学重点

（1）使学生了解宜昌市垃圾分类，知晓常见的生活垃圾应怎样分类。

（2）引导学生学习Scratch编程软件的界面，掌握该界面的使用方法。

（3）引导学生学习垃圾分类四类垃圾桶以及生活中常见生活垃圾图片的编程资源导入操作。研学导师首先示范一次，学生跟着研学导师步骤，自己实操一次。研学导师检查学生的完成情况。

（二）教学难点

（1）引导学生学习和使用完成垃圾分类所需的角色移动程序、文字显示程序、计分变量程序、隐藏程序和循环程序。研学导师通过两个小游戏，介绍这些程序的运用方法，同时对单个程序进行拆解说明和实操，让学生了解并熟练使用各程序。

（2）引导学生完成垃圾分类的游戏程序编写。研学导师在电脑投影上示范，指导学生完成游戏介绍、讲解员出场方式、讲解话术等程序的编辑，并在过程中对学生逐一指导，确保每名学生编写的程序运行正常。

五、课程时长

90分钟。

六、适合学段

小学高年级。

七、研学地点

美格创客青少年研学基地互动A区。

八、配备师资

研学导师1人、辅教1人。

九、研学用具

电脑24台、投影仪2台、研学PPT、研学手册。

十、研学流程

（一）情景引入（5分钟）

播放一段"垃圾污染"的视频，让学生了解垃圾污染对于自然界以及人类的威胁。视频结束后，研学导师提问：平时生活中，怎样减少垃圾污染？

（二）导师指导（10分钟）

了解垃圾分类，宜昌市垃圾分类分为四类，分别是：可回收垃圾、有害垃圾、厨余垃圾及其他垃圾。知道这些分类垃圾的区别，生活中有哪些常见的生活垃圾，并对应各种分类方法。

学习使用Scratch编程软件的使用方法，跟随研学导师完成移动、循环以及计分指令的设定。

（三）任务布置（60分钟）

1. 下发素材

下发任务素材、评价表，帮助学员将所需编程素材导入程序当中，完成准备前的设置。

2. 任务制作

研学导师介绍垃圾分类游戏任务的要求，学生需要从素材中选取制作4个用于分类垃圾的垃圾箱，用不同颜色区分。其次加入不少于10种生活中常见的生活垃圾，分类使用。最后加入计分程序，分类正确的加1分，错误的减1分。

研学导师关注各学生制作情况，确保全员参与学习和制作，对程序编写过程中出现的问题统一纠正，对制作有困难的学生单独指导（见图2-10）。

（四）成果展示（10分钟）

各学员完成游戏作品后，上台展示自己的成果，介绍垃圾分类游戏设定，突出自己作品的特点，研学导师根据作品完成度、制作情况、垃圾分类介绍情况、循环情况以及计分程序的设定情况，分别给予1—10分的评分。

图2-10 实践

续图 2-10

（五）评价总结（5分钟）

研学导师根据作品完成度、程序制作精良度以及学生自我介绍情况做出评价。学生相互评价，指出优秀作品有哪些特点，自己作品有哪些可以改进的地方。最后研学导师总体总结。

十一、研学评价

按照《宜昌市中小学研学旅行学生评价实施办法（试行）》的相关规定，细化本课程具体评价标准，对每名学生给予A、B、C、D等级的评价。

十二、研学单位

本课程由宜昌市美格创客青少年研学基地提供。

基地地址：湖北省宜昌市三峡职业技术学院美格创客青少年研学基地。

联系人：朱钰　　联系电话：18707200985。

美猴王在神农架

一、课程名称

美猴王在神农架。

二、课程内容

本课程通过观看金丝猴（见图 2-11），了解金丝猴外貌特征，让学生掌握金丝猴的生活习性，让学生探索大自然动物世界的奥秘，从而养成会学习、会观察、会思考的能力。本课程依托神农架的自然环境，让学生敬畏自然，敬畏生命，体验与金丝猴亲密接触的乐趣。

图 2-11 金丝猴

三、课程目标

（一）价值体认

通过集体活动深化集体意识和组织观念。培养学生树立维护自然生态平衡的观念、人与自然和谐相处的观念以及保护动物的意识。

（二）责任担当

通过一系列活动，让学生明白保护金丝猴的重要性。通过讨论活动，激发学生参与保护大自然的意愿，培养学生团队协作的能力，鼓励学生勇于承担团队责任，接受分工，为保护濒危动物献出一份自己的力量。

（三）问题解决

在参观金丝猴的过程中，研学导师通过讲解丝猴的外貌特征、金丝猴的生活习性，引导学生结合自己的学习，思考金丝猴的相关问题，并能在课程中通过小组讨论探究提出解决问题的方法，形成一定的探讨成果。

（四）创意物化

让学生参与制作关于金丝猴的广告语等，激发学生的创作灵感。

四、教学重点难点

（一）教学重点

引导学生了解金丝猴的生活习性及其与生态环境之间的关系。

（二）教学难点

引导学生在学习本课程后完成自然笔记，并分享和讲解保护金丝猴的意义，进一步使学生增强爱护生态环境的意识、明白人与自然和谐相处的意义。引导学生分组合作完成保护金丝猴的创意海报的创作。

五、课程时长

90 分钟。

六、适合学段

初中年级。

七、研学地点

神农架大龙潭科研基地。

八、配备师资

每班配 1 名研学导师和 1 名安全员。

九、研学用具

雨衣、研学服装（迷彩服、防护服）、手套、A4 纸、铅笔。

十、研学流程

（一）课前准备（5分钟）

（1）课前准备好相关研学器材，并附有物品清单一份，后续由指定小组长在课前、课后清点核对并签字。

（2）根据当期学生实际人数进行分组，每组人数控制在4—6人。

（3）研学导师清点学生人数，并引导学生选出各自的小组长。

（小组长任务：维持本小组纪律，在项目实施过程中对本小组合理分工。）

（二）研学过程

1. 认识金丝猴（集中讲解30分钟）

（1）了解金丝猴的外貌特征。

（2）金丝猴的品种及区域分布。

（3）金丝猴的生活习性。

2. 近距离观察金丝猴（20分钟）

（1）强调安全及关于金丝猴的注意事项。

（2）禁止投食，拍照禁止开闪光灯。

（3）学生佩戴手套和防护服，在研学导师和安全员的指导下近距离观察金丝猴。（见图2-12）

图2-12 观察金丝猴

3. 保护金丝猴的意义（集中讲解和分享10分钟）（见图2-13）

4. 课后延伸（10分钟）

（1）根据本次课程的所看、所想、所思，分小组制作保护野生动物的海报及宣传标语。

（2）学生分享交流。研学导师引导学生开动脑筋，对科研产生兴趣。

图 2-13 集中分享保护金丝猴的意义

5. 研学器材整理（15 分钟）

（1）小组长交叉监督其他小组研学器具，如有工具损坏，报告研学导师。

（2）检查器具清理完毕，并打扫小组周围卫生。

十一、研学评价

按照《宜昌市中小学研学旅行学生评价实施办法（试行）》的相关规定，细化本课程具体评价标准，对每名学生给予 A、B、C、D 等级的评价。

十二、研学单位

本课程由神农架国际旅行社研学部提供。

基地地址：神农架神农顶基地大龙潭。

联系人：吴艳丽　　联系电话：15327985358。

叠层石——早期生命演化的史书

一、课程名称

叠层石——早期生命演化的史书。

二、课程内容

本课程围绕叠层石（蓝藻和菌类及其生命活动和沉积作用的综合产物）的形成展开对蓝藻、菌类及综合产物的了解和学习。让学生掌握远古时期生命存在的形式（见图2-14）。穿插探究问题，使学生除了解基本知识外，发挥动手能力来讨论总结得出答案，从而养成会学习、会动手的能力。

图 2-14　叠层石

三、课程目标

（一）价值体认

了解叠层石的形态特征和作用。学生通过光合作用的小实验，掌握生命起源的必要条件，并形成实事求是、勤于钻研的科学态度和习惯。使学生感受到实践是检验真理的唯一标准。

（二）责任担当

小组合作和任务指派。学生合作完成主题项目，增强团队协作能力，培养团结合作的意识，形成对自我及小组负责任的态度。

（三）问题解决

学生通过导师的讲解和引导，加深对叠层石的理解，并形成自己的一种生命观。

四、教学重点难点

（一）教学重点

研学导师通过讲解和实验，使学生基本了解蓝藻的作用与叠层石的形成原因。

（二）教学难点

引导学生在实验中亲自操作，并了解植物的光合作用。

五、课程时长

90分钟。

六、适合学段

初中年级。

七、研学地点

神农坛基地、官门山基地地质馆。

八、配备师资

每班配1名研学导师。

九、研学用具

小石锤、放大镜、小苏打、洗洁精、手套、打孔器、注射器、树叶、清水、两只100 mL烧杯。

十、研学流程

（一）课前准备（5分钟）

（1）课前准备好实验器材，并附有物品清单一份，后续由指定小组长在课前、课后予以清点核对并签字。

（2）根据当期学生实际人数进行分组，每组人数控制在6—7人。

（3）老师清点学生人数，并引导学生选出各自的小组长。

（小组长任务：维持本小组纪律，在项目实施过程中对本小组合理分工。）

（二）研学过程

1. 叠层石认知（30分钟）

（1）叠层石形态。

每组组长在研学导师那里领取小石锤、放大镜，通过研学导师的带领前往研学地点观察并记录叠层石的形态，形成一个初步的认知。随后研学导师现场讲解，让学生们对叠层石形成一个深刻的印象。（研学导师布置任务，小组集体探究见图2-15）

图 2-15　小组探究

各小组通过任务驱动，进行探究性学习，相互合作，积极同其他小组配合，分享学习观点。

（2）叠层石的价值。

蓝藻在进行光合作用的过程中，还会分泌出一些黏液，把其他一些微生物粘连在一起，也会把海水中微小的矿物颗粒胶结起来，从而形成一种独特的微生物沉积岩——叠层石。

研学导师引导学生了解光合作用的意义，使学生们清楚地认识到生物和人类氧气来自光合作用。

2.蓝藻的光合作用小实验（45分钟）

（1）任务设置。

在理论中我们学习并了解到叠层石的形态价值和蓝藻在形成叠层石时所发生的化学反应，为了让我们更能直观地感受到光合作用产生氧气的过程，接下来请同学们完成这个小实验。

（2）自主学习。

小组分工采集树叶，准备手套、打孔器、注射器、清水、两只100 mL烧杯。

（3）实验原理。

植物在地球生物界扮演了极其重要的角色，绝大多数植物可以通过光合作用制造食物和氧气（见图2-16）。

在这个实验中，叶子一开始能浮在水面，是因为叶子的细胞间有小孔，小孔中有大量空气，

图 2-16　光合作用

在水面分子张力作用的依托下，可以浮于水面。抽去叶内气体后，叶子的整体密度大于水，所以就沉入水底。之后，太阳提供了光能，小苏打释放出二氧化碳，叶片就能在水中进行光合作用，于是产生的氧气气泡使叶片又漂浮起来。

　　3. 器材整理和桌面清理（10 分钟）

　　（1）小组长交叉监督检查其他小组器材，如有工具损坏报告老师。

　　（2）检查桌面杂物是否清理完毕，并打扫小组周围地面。

　　（3）老师检查各小组整理任务完成情况。

　　4. 课后延伸

　　（1）在生活中注意留心观察，并思考光合作用是否只能在太阳下进行。

　　（2）实验结束后，拿出放大镜观察漂浮的叶子上是不是存在气泡。

十一、研学评价

　　按照《宜昌市中小学研学旅行学生评价实施办法（试行）》的相关规定，细化本课程具体评价标准，对每名学生给予 A、B、C、D 等级的评价。

十二、研学单位

　　本课程由神农架国际旅行社研学部提供。

　　基地地址：神农架官门山基地。

　　联系人：吴艳丽　　联系电话：15327985358。

第三章 劳动教育篇

DISANZHANG LAODONG JIAOYU PIAN

指尖魔法　创意沙画

一、课程名称

指尖魔法　创意沙画。

二、课程内容

沙画艺术课程是青少年通过沙画艺术语言来表达本其童真、童趣。沙画艺术活动不仅可以实现课堂学习的有效拓展，还可以提高学生的观察能力、动手能力、分析能力和运用知识解决实际问题的创造能力。

在教学设计中，以小组为单位共同学习沙画知识，探究沙画基本手法，自选主题探究，完成沙画主题创作。通过主题活动设计，充分发挥学生的主观能动性进行体验观察、动手实践、合作探究、创意物化，培养中小学生的创新精神和艺术实践能力。

三、课程目标

（一）价值体认

通过艺术实践活动，培养学生艺术思维及创造能力；不同小组分享不同主题的沙画作品，加强学生对沙画的认识和兴趣，形成可持续发展创造动力。

（二）责任担当

通过本节课的创意沙画主题探究，正确认识人和艺术的相互关系，养成良好的艺术情趣。通过小组合作与艺术探究，培养学生团队精神和合作意识。

（三）问题解决

通过沙画艺术主题探究和实践，了解沙画基础知识，初步掌握基础手法和创意方法。通过小组合作探究、查询资料，运用现场体验和团队互助的基本方法，形成手法与创意相得益彰的主题作品。

（四）创意物化

根据小组现场观察体验探究，结合导师相关理论示范讲解，针对沙画主题创作中的艺术手法与构思方案，小组运用现代科学技术与灯光、音乐等元素创作校园、节日、感恩、山水等主题创意沙画作品，并通过小组成果展示，总结归纳沙画艺术表现方法。

四、教学重点难点

（一）教学重点
使学生了解沙画基本知识，掌握常用沙画手法，提高实践能力。

（二）教学难点
引导学生分小组创作沙画，集体构思和优化，感悟合作精神，学会以沙画艺术表达生活中的主题故事。

五、课程时长
90 分钟。

六、适合学段
小学年级。

七、研学地点
宜昌市青少年综合实践学校——沙画艺术 304 教室。

八、配备师资
每个场地每课时 40—50 人，配 1 名研学导师、1 名助教、1 名安全员。

九、教学用具
研学手册、沙画机、金沙、铅笔、白纸、摄录器材、大型壁挂屏投、医用消毒洗手液等。

十、研学流程

【学生分组】（5 分钟）

（1）4—6 人一组，选出组长。

（2）组长接受职能培训，负责维持纪律、合作学习、活动组织、分工明确、交流分享、自评互评。

【课程导入】（10 分钟）

观看 PPT 中视频——宜昌马拉松沙画宣传片导师提问，引入课题。

【深入学习】

（一）沙画初探（10 分钟）

自主选择导师提供的资料，学习沙画基础知识，如成像原理、沙画分类及沙画大师等。

沙画——沙画就是用沙子作画，是近年来兴起的一种与舞台艺术相结合的表演形式，最早由匈牙利的沙画大师弗兰克·库克（Ferenc Cako）所创造。沙画将绘画、音乐与光效结合，给人们带来全方位的视听享受，既具有东方的神韵，又呈现出现代风采。

成像原理——用沙子在灯箱上方作画。利用光影反衬的原理，通过底部灯箱的光源，呈现出画面。

沙画分类——按照形式可分为"静态沙画""动态沙画""动画沙画"。

"静态沙画"是指不限制时间，精细绘制的单幅沙画作品。

"动态沙画"是指在规定时间内完成一连串的主题画面表演。

"动画沙画"是指表演的绘画内容与事先设定好的图形之间有关联性变化。

（二）手法练习（20分钟）

（1）研学导师示范一幅沙画，学生观摩。研学导师提问其中有哪些沙画手法？答案——沙画的基本手法是洒、漏、擦、抹、点、划、勾。

（2）研学导师分单步演示洒、漏、擦、抹、点、划、勾手法。通过研学导师的讲解示范，学生认识沙画手法。

（3）每小组学生在沙画机上安静地进行手法探究。

【实践创作】（30分钟）

简要总结沙画的常用基本手法后，每小组任选一主题，校园、节日、感恩、山水等，完成构思，合作创作沙画，可参考CCTV古诗词沙画创作大会视频。

作画要求：

①画面有创意，内容不能出现很多文字，画面简约清晰。

②组内小声讨论，构思时可适当给出提示，商讨后呈现创意草稿。（研学导师巡回指导）。

③组长分配每人的作画任务，小组合理分工，灵活安全运用手法进行主题创作。（研学导师指导）（见图3-1）。

图3-1 实践创作

【成果展示】（15 分钟）

沙画创作成果分享及交流（见图 3-2）。

每组选派一名学生代表进行讲解。进行沙画展示分析，分享探究过程中遇到了哪些难题，是如何解决的。分享本次创意沙画探究学习的愉快收获和心得（见图 3-3）。

图 3-2　展示

图 3-3　讲解

十一、研学评价

按照《宜昌市中小学研学旅行学生评价实施办法（试行）》的相关规定，细化本课程具体评价标准，对每名学生给予 A、B、C、D 等级的评价。

十二、研学单位

本课程由宜昌市青少年综合实践学校提供。

基地地址：宜昌市点军区一中路 2 号。

联系人：刘长定　　联系电话：13972597721。

小舞台成就大梦想

一、课程名称

小舞台成就大梦想。

二、课程内容

本课程是在宜昌三峡电视台 400 平方米演播厅内为研学师生打造的一台专属梦想秀。在专业电视演播厅里，在专业导演、编导以及录制团队的帮助下，同学们执掌导演权杖，共同完成的一堂特殊电视课。

本节目录制主要分为两部分。课前引导及组织工作在 15 分钟内完成，主要内容是学生观察演播厅，导师介绍电视录制工作岗位并分配职业体验工作任务。学生的节目表演及电视节目录制时间不少于 40 分钟，能够在舞台上充分展现自我，进行职业体验。

三、研学目标

（一）价值体认

本课程通过职业体验，让学生们去感受每个岗位的重要性，形成勇于担当、认真负责、团队协作的价值观，也激发学生们对电视行业的浓厚兴趣。

（二）责任担当

学生们在策划晚会到执行过程中，扮演不同角色，担任不同的职务。

（三）问题解决

通过策划录制，培养学生们的动手能力，让学生走上舞台大胆展示自己并提升学生的创造力和执行力。

（四）创意物化

通过自主策划与创作，完成主题晚会。让学生们多变的创意在梦想小舞台上充分展现。

四、教学重点难点

引导学生了解和掌握电视录制活动中各个重要岗位的分工协作原理，知晓如何利用设施设备录制活动并构建一台完整且高质量的电视录制节目。

课程中,每一个活动岗位将配备一名在岗工作的电视台研学导师,现场教学、指导学生们进行现场实操。

五、课程时长

90 分钟。

六、适合学段

小学年级和初中年级。

七、研学地点

中型演播厅。

八、接待规模

60 人。

九、配备师资

主讲导师 1 名、辅班老师 1 名、带队老师 1 名、录制工作人员数名。

十、研学流程

1. 行前预备课

教学准备:

①准备三峡广电研学基地宣传视频,介绍基地基本情况。

②制作研学课程 PPT,让学生们对每节课有大致的了解,同时提出问题和布置观察任务,提升学生们的求知欲,让学生们带着"悬念"和问题来研学。

③预备课上请同学和老师针对梦想小舞台晚会录制做相应的准备,包括搜集节目,准备表演道具和音乐等。

2. 研学过程

(1)观察演播厅有哪些组成部分,对比一下虚拟和实景演播厅的不同。主班老师以互动形式介绍中型演播厅的构成和布局以及工作人员职责。给学生们录制的小型班会中会用到灯光、音响、大屏、导播台、监视器、摄像机等设备。同步的也需要对应的主持人、导演、场务、摄像、导播、灯光师、音响师等岗位。(20 分钟)

第一部分:多变的中型演播

中型演播厅是宜昌三峡电视台第二大演播厅,目前承载了中型晚会、大型访谈、日常节目播出等多种类型的节目录制。演播厅 360 度全景布景,既可统一成一个舞台,也可拆分用于单个节目录制。

第二部分：导播台的秘密

观察舞台上的摄像机和最终呈现的电视画面，思考为什么有许多台摄像机在舞台上架设，呈现在电视上却只有一个画面？原来，舞台后方有个大大的导播间，所有的摄像机的信号传送到导播那里，经过导播台的切换才会出现在电视上。

第三部分：灯光音响全了解

一台晚会的成功，除了电视导播，现场的灯光音响也是重要的组成部分。在大型晚会中，通常会用到先进的电脑编程灯光，在彩排时，将所有的灯光定点、颜色、花纹等全部制作好；等到表演时，电脑操作，灯光就可随之配合表演，为演出增添氛围色彩。音响控制包括话筒控制和音乐播放，好的音响效果，会让表演更加精彩。

（2）请学生们领取"任务"，来体验电视工作岗位。（20分钟）

由辅班老师亲自教授"主持人"主持词，指导其在舞台上的站位、出场时的礼仪以及话筒的使用方法（见图3-4）。

图3-4　担任主持

①导师对小主持人现场指导。

②同学体验当现场执行导演。

③同学体验当摄像师。

担任现场导演的学生可以整体把控舞台，对领到工作任务的各位同学进行监督和提示（见图3-5）。

担任摄像助理的学生在摄像老师的指导下操作摄像机，体验摄像师的职业（见图3-6）。

④同学体验当音控师。

⑤同学体验舞台录制。

舞台监督主要是负责节目的衔接，了解节目顺序，请表演的同学做好准备；

（3）在学生们的共同协作下，完成梦想小舞台的录制（见图3-7）。（50分钟）

图 3-5 担任导演

(a)

(b)

图 3-6 体验摄像师职业

图 3-7 体验音控师职业

低年级的同学在研学导师指导下进行电视节目录制；高年级的同学可以现场编导录制活动，自行确定主题，如毕业晚会、环保晚会、班级课本剧主题活动等。现场的执行导演、舞台监督和主持人等一起配合完成活动录制（见图 3-8 和图 3-9）。

图 3-8 体验导播职业

(a)新疆温泉中学同学表演舞蹈

图 3-9 编导录制节目

(b)课本剧现场演绎

续图3-9

十一、研学评价

按照《宜昌市中小学研学旅行学生评价实施办法(试行)》的相关规定,细化本课程具体评价标准对每名学生给予A、B、C、D等级的评价。

十二、研学单位

本课程由宜昌三峡广播电视研学基地提供。

基地地址:宜昌市西陵二路88号。

联系人:刘元圆　　联系电话:0717-6862114。

了解三峡奇石 创意石头拼画

一、课程名称

了解三峡奇石 创意石头拼画。

二、课程背景

枝江玛瑙石，属三峡奇石之精品，其纹理清晰，晶莹透亮，图案逼真，色彩斑斓，质地上乘。

南宋王象之《舆地纪胜》曾作记载："沧茫溪生五色石，细纹如玛瑙，青如玻璃。夏雨过，人竞掇拾。"

宋代杜绾在《云林石谱》中也记载了枝江玛瑙石的特征："外多泥沙积渍，凡击去粗衣，纹理旋绕如丝。间有人物、鸟兽、云气之状。士人往往求售，博易于市。"

营地地处枝江玛瑙河畔（见图3-10），玛瑙河原名沧茫溪，因盛产玛瑙而更名，有丰富的玛瑙石及鹅卵石资源。每一块大自然的石头，都仿佛是一个小精英，色泽不同，形状不同，放眼望去基本上找不到两块完全相同的石头，这就是大自然的美，千姿百态又独一无二。学生通过对当地玛瑙石、鹅卵石及三峡奇石的学习和了解，来到户外寻找石头，完成石头创意拼贴并简单着色进行设计，最后通过演说的形式展示作品。

本节课将美育与劳动教育有效融合，有利于培养学生的想象力、创造力及动手实践能力。

图 3-10 玛瑙河生态湿地

三、课程目标

（一）价值体认

通过课程体验，感受美、表现美、鉴赏美和创造美，树立正确的审美观念，陶冶高尚的道德情操，激发想象力和创新意识。

（二）责任担当

通过课程体验，对玛瑙石的相关知识产生兴趣，发展自己的兴趣爱好，崇尚艺术，尊重艺术。在课程体验当中，学会欣赏，提升表演的胆量，提高艺术的鉴赏力，敢于表现自我，探索潜能。

（三）问题解决

了解三峡奇石的种类，能够列举三峡石的类别，掌握区分玛瑙石和普通石的方法；在寻石的过程中，通过观察石头的形态、颜色、大小，了解石头的外形特征，进一步发挥想象力，开拓视野，感受艺术的浓厚底蕴，强化动手能力。

（四）创意物化

通过课程的学习，学思结合，学会在大脑中构思，进行故事艺术创作，激发空间想象力。

四、教学重点难点

（一）教学重点

引导学生寻找不同颜色、形状、大小的石头来满足构图需要，激发学生的想象力、创造力、动手能力。

（二）教学难点

引导学生在不对作品着色，修饰的前提下，通过石头本身特征突出作品特色。

五、课程时长

90分钟。

六、适合学段

初中年级。

七、研学地点

东方年华三峡国际青年营主题教室。

八、配备师资

以班为单位，每班设置1名研学导师。

九、研学用具

大小不一石头若干、颜料、画笔、白乳胶、课件 PPT、纸板、玛瑙若干。

十、研学流程

（一）研学准备

问题引导：生活中见过哪些石头？都是什么样子的？都有一些什么作用？石头的特性是什么？（5 分钟）

（二）研学过程

（1）认石头：通过玛瑙石、鹅卵石、三峡奇石相关图片和视频，介绍当时玛瑙河及石头文化。（10 分钟）

（2）找石头：导师发布主题或者学生自定主题，学生根据任务首先构思石拼画面。每一个小小石头都有着属于自己的独特性，等待着有缘人的发掘。然后列队进入石头场地，寻觅所需石头（见图 3-11）。导师巡场指导并时刻提示安全要求。（15 分钟）

（3）拼石头：根据任务主题及画面构思，将寻找到的石头按颜色、形状、大小特征完成石头拼贴画（见图 3-12）。导师在巡视过程中对有问题的学生进行引导，突破难点。（20 分钟）

图 3-11　找石头

图 3-12　拼石头

（4）画石头：在石拼的基础上对石头进行着色及图案设计，进一步丰富画面，起到画龙点睛的作用。导师巡场指导，提醒学生注意保持清洁卫生。（15 分钟）

（5）赞石头：学生根据作品构思以及成品效果，通过讲故事或演说的形式对自己的作品进行展示。（15 分钟）

（三）研学成果（10 分钟）

（1）分享交流：学生分小组评选优秀作品，导师有针对性地进行总结评价。

（2）课后延伸：导师提供不同的石头，学生尝试区分玛瑙石和普通石。

（3）工具整理：以小组为单位，清点研学工具及桌面，保证室内清洁。

十一、研学评价

按照《宜昌市中小学研学旅行学生评价实施办法（试行）》的相关规定，细化本课程具体评价标准，对每名学生给予 A、B、C、D 等级的评价。

十二、安全保障

（1）在寻找石头的过程中禁止追逐打闹，防止石头误伤其他同学。

（2）拿石头的时候，轻拿轻放，不允许随意丢弃，注意保护身体的重要部位如头、手、脚等不受伤害。

十三、研学单位

本课程由湖北东方年华三峡国际青年营基地提供。

基地地址：湖北省枝江市安福寺镇秦家塝村。

联系人：张亚轩　　联系电话：19972750920。

生态农耕水稻收割

一、课程名称

生态农耕水稻收割。

二、课程内容

劳动意识是当代中国学生发展核心素养的重要内容。现在的学生大多缺乏农耕劳动体验，因此，本课程从回归自然的视角切入，带领学生走进田野，分别体验用镰刀收割稻谷及用斗房脱粒的传统农事活动，并尝试利用脱粒后的稻草，以小组为单位捆扎稻草人（见图 3-13）。引导学生在真实生活、生产、生态中体验，形成正确的劳动价值观。

图 3-13　稻田

三、课程目标

（一）价值体认

经受劳动磨练后，体会苦尽甘来的成就感，真正体会"谁知盘中餐，粒粒皆辛苦"的含义。

（二）责任担当

通过体验水稻收割、脱粒等，领会"劳动最伟大、劳动最光荣"内涵与意义，继承中华民族勤俭节约、吃苦耐劳、敬业奉献的优良传统。

（三）问题解决

了解二十四节气对于农业生产的作用，能说出从水稻种植到收割对应的二十四节气中的时节。

掌握人工收割稻谷基本的劳动知识和技能，正确使用收割、脱粒劳动工具。

（四）创意物化

在劳动实践中，善于发现问题，围绕问题展开研究，整合所学各科知识，解决实际问题，变单一的体力劳动为具有思维含量的创造性劳动，提升学生创新精神。

四、教学重点难点

（一）教学重点

使学生了解水稻的种植与收割方法，明白粮食的来之不易，形成杜绝浪费的观念；激发学生的学习兴趣；培养学生认真探究问题的科学态度。

（二）教学难点

在学生参与综合实践的过程中，培养他们的观察思考、发现问题、探究问题、动手操作的能力。

五、课程时长

90 分钟。

六、适合学段

初中年级。

七、研学地点

东方年华稻香园。

八、配备师资

以班为单位，每班设置 1 名研学导师。

九、研学用具

小镰刀、劳动手套、袖套、草帽、斗房、蛇皮口袋、推车。

十、研学流程

（一）农识（10分钟）

通过实地参观讲解，了解水稻的特性、生长周期以及价值。介绍营地周边国家级文物保护单位——史前稻作遗址关庙山遗址，引导学生思考稻作起源应该具备的条件。

（二）农事（50分钟）

1. 发布任务，提出要求

导师发布任务：运用传统工艺对水稻进行收割、脱粒、装袋。每班分成两个大组在稻田两端同时进行收割，每组选出队长及安全员，队长负责本组的劳动纪律和任务完成，安全员负责劳动工具的收发及安全使用（见图3-14）。

图3-14 收割

要求收割稻梗的部位大致相同，同时注意镰刀使用安全；已经割好的稻谷背对自己横向放置；脱粒过程中不可使谷粒到处散落，脱粒完成的稻草统一归拢，不可随意放置；装袋人员根据斗房内谷粒情况适时装袋，不可使谷粒洒落；最后比一比哪组在规定时间内收割的谷粒袋数最多。

2. 示范操作、工具讲解

（1）弯腰，左手抓住稻梗中上部位，两腿分开呈外八字形，右手握镰刀握把后端，刀口向内微向上5—10度，刀刃放置稻梗底端10—15厘米处，轻轻向怀里拉动，切不可用力挥舞、拉割。

（2）每人以宽六株长方形向前割进，一株割完横向放置身后，六株割完归拢一起。

（3）脱粒人员将已割完的稻谷转运到斗房附近。斗房距离割谷人员距离8米以上。脱粒人员根据自身情况选择手中稻谷数量，将有稻穗的一端朝外，手握稻梗底部，从上至下用力砸向斗房木板，致使稻穗脱落（见图3-15）。

图3-15 脱粒

（4）检查稻梗上是否还留有稻谷，将脱粒干净的稻梗归拢放置在一起。

（5）当斗房内的稻谷量达到一半时，将斗房轻轻微斜，用口袋接住斗房口一边，用手将稻谷轻轻拨落到口袋中。

（6）当口袋装满后，用绳子进行封口，然后运用小推车装运至指定位置。

3. 分组操作、导师指导

（1）将两个大组分为收割、脱粒、装袋、转运各个小组，注意各组之间的距离，防止工具伤人。

（2）操作过程中，导师巡场指导，发现安全隐患问题及时纠正。

4. 售卖稻谷、获得报酬

学生将收获的稻谷售卖给"粮管所"，获得相应的"谷粒币"。

（三）农趣（20分钟）

在导师的指导下，以小组为单位利用脱粒后的稻草作为主材料，自由创意制作稻草人（见图3-16），可根据各自不同创意和需求在"杂货铺"使用"谷粒币"购买衣服、木棍、麻绳、装饰物等。制作完成后进行展示及评选。

图3-16　制作稻草人

（四）研学成果（10分钟）

（1）解答探究性问题。

（2）知识问答：以问答的方式带领学生回顾农识的内容。

（3）成果评比：根据各组完成的质量、速度以及人员的参与度和劳动纪律来进行评比。

（4）分小组讨论本节课的收获和体会。每小组挑选一名组员在全班分享，导师对学生的分享及时给予总结。

十一、研学评价

按照《宜昌市中小学研学旅行学生评价实施办法（试行）》的相关规定，细化本课程具体评价标准，对每名学生给予A、B、C、D等级的评价。

十二、安全保障

（1）劳动前必须按要求穿着帽子、劳动手套。

（2）必须按照要求规范使用劳动工具。

（3）爱护劳动工具，不故意破坏劳动工具，严禁拿工具打闹。

十三、研学单位

本课程由湖北东方年华三峡国际青年营基地提供。

基地地址：湖北省枝江市安福寺镇秦家塝村。

联系人：张亚轩　　联系电话：19972750919。

设计向往的家园——园艺师初体验

一、课程名称

设计向往的家园——园艺师初体验。

二、课程背景

湖北卫民园林生态旅游开发有限公司笃志践行习近平总书记"绿水青山就是金山银山"的发展理念，传承"尊重自然、遵循生态法则"的思想，开发了一个以绿色、生态、环保为特色的中小学生研学基地。这里树木繁茂，花卉斗艳，树木品种多达170多种，其中珍奇名贵树木近50余种，亭、台、楼、阁建筑精美，树木造型美观雅致，人文景观和自然山水浑然天成，堪称现代人工园林的锦绣城堡。本课程正是利用基地资源彰显现代园林特征的课程之一。

三、课程内容

带领学生游览卫民生态园林基地，让学生在导师的启发下，了解什么是园林，园林的构造包括哪些要素，园林布局原则等基本知识；引导学生欣赏园林景观，充分感受园林建造技术和人文艺术的精湛。

组织学生利用基地的沙盘、花草树木、亭台楼阁等模具，亲自动手制作心仪园林模型。

四、课程目标

（一）价值体认

了解生态园林设计要素和基本原则，培养学生动手能力和创新思维能力，增强学生合作意识和集体荣誉感。

（二）责任担当

体验感知园林优美环境，提升对尊重自然、改善生态环境的认识，从小增强生态环保责任担当。

（三）问题解决

初步掌握园林设计构造知识，包括地形造势、房屋建筑、树木种植、水体建设、广场道路修建等布局基本知识，并能够运用知识制作沙盘园林模型。

（四）创意物化

学生分组制作园林设计沙盘模型，分小组展示制作设计成果，开展优秀作品评选活动。

五、教学重点难点

（一）教学重点

引导学生以"我向往的家园"为主题，在游园学习、积累、感悟的基础上发挥想象力进行创作，制作沙盘模型。

（二）教学难点

引导学生探究园林要素，获取园林设计构造的基本知识。研学导师在游园过程中针对主要园建物提出问题，启发学生思考、讨论、交流，然后系统归纳。

六、课程时长

180 分钟。

七、适合学段

初中年级。

八、研学地点

湖北卫民生态园林研学旅行基地（枝江市）。

九、配备师资

每班配备基地研学导师 1 名、带队教师 1 名。

十、教学用具

各种形状，如长方形、正方形、圆形、梯形的沙盘，以及树木花草、亭台楼阁、道路等各种模具。

十一、研学流程

（一）课程导入（5 分钟）

研学导师组织学生通过大屏幕观看卫民生态园林实景图片（见图 3-17），辅之对园林精美景观、优雅环境的生动描述，激发学生的游览兴致。

设疑引入课程主题：同学们向往类似美好的家园吗？

告诉学生本次研学课程分为三部分，一是游览卫民园林获取园林设计构造方面的初步知识；二是自己动手制作园林设计沙盘模型；三是分享成果，总结评比。提醒学生在游园过程中要认真观察，积极思考，争取制作园林沙盘模型实践活动成果创优。

图 3-17 卫民生态园林

（二）探究活动（175 分钟）

第一部分：游览卫民园林，规划游览路线，确定巡游点，导师启发，学生探究，了解园林设计构造相关知识。（70 分钟）

1. 房屋建筑区域（15 分钟）

这里是园林的中心地带。

观察物境：房屋、池塘。

问题探究：A. 这些房屋建筑在此园林中处于什么地位？B. 这些房屋建筑有什么特点？C. 池塘里有鱼游动吗？你认为若不建此池塘将会怎么样？

明确知识点：房屋建筑在园林设计中占重要地位，且处在中心位置，房屋的高度、体量、造型、色调应该与周围环境相协调，相映衬。园林水体建设既活跃了园林景观，又有饲养水生动物的经济价值。园林构建有山有水才有景，无水乃缺憾。

2. 园林南大门入口处（15 分钟）

这里是园林的门面。

观察物境：园林道路、地形造势、道路旁树木装饰。

问题探究：A. 进园林道路呈什么形状？有坡度吗？为什么这样修建？B. 进园林道路两旁树木装饰有何讲究？（见图 3-18）

明确知识点：园林道路是园林中必不可缺的构成要素，它是园林的骨架、网络。

3. 树木种植区域（15 分钟）

树木种植是该园林的主体。

观察物景：不同区域树木种植形式。

问题探究：A. 草坪广场周边的开阔地为什么只种植了高大的朴树、榔榆？这些树有什么特点？有何作用？B. 进园林主道两旁树木的栽种是什么形式？C. 园林西门入口处两旁各有四棵对称的银杏树，为什么此地树木这样种植？D. 小草坪操场旁种植

图 3-18　园林两旁树木

的十几棵不同树木，是什么种植形式？E. 园林东南面、西南面以及园林西面为什么要成片集中种植树木？有什么好处？F. 树林里放置那么多山石有何作用？

明确知识点：了解五种种植方式：孤植（独植）、列植、对植、丛植、林植，园林树木种植是人工园林设计构造的主体，要做到"适地适树、适法适栽"，增强园林的自然感、观赏感。

4. 草坪广场（15分钟）

地处该园林房屋前的开阔地。

观察物境：草坪广场。

问题探究：在园林这个位置为什么要设置这么大的草坪广场？它有何作用？（见图 3-19）

图 3-19　草坪广场

明确知识点：草坪是园林绿化中不可缺少的材料。其作用是增加园林绿意，调节小气候，增强园林整体布局的美感。

在途经前面巡游点的过程中，导师需对园林小品做简要介绍，如指示牌、石桌、石凳、灯光、木桥亭廊等。让学生了解园林小品在园林中起到供人们休息、装饰、照明、展示和方便游人的作用。

5. 游园小结（10分钟）

先让学生归纳游览园林所看到的园建物，然后导师补充，使学生对园林设计要素包括地形造势、树木种植、房屋建筑、道路修建、草坪广场设置、园林小品置放等有更加全面而系统的认知，目的在于为学生下一步制作园林沙盘模型做好充分准备。

第二部分：学生制作园林沙盘模型（85分钟）。

（1）导师布置任务并简要讲述沙盘制作步骤（10分钟）。

任务：以"我向往的家园"为主题，分组制作园林沙盘模型。

制作步骤：

①沙体造型：遵循"既平坦开阔，又跌宕起伏"的原则。

②水体设置：主要提醒学生把握区位。

③房模摆放：引导选择突出位置。

④道路布置：强调"曲径通幽"。

⑤树模栽插：适地适树，科学搭配，鼓励创新。

⑥石块置放：鼓励与树木搭配使用。

⑦小品安置：以精巧实用为宜，鼓励创新。

（2）发放园林模具，将学生分组，每组5人，每组确定组长1名。先让学生用笔纸绘制草图，由组长征求组员意见并指定人员执笔（15分钟）。

（3）用沙盘等用具制作园林模型。在此期间，研学导师巡视学生制作情况，回答学生提问，切勿指手画脚、包办代替，充分让学生动脑动手（见图3-20）（60分钟）。

图3-20 制作园林模型

第三部分：分享成果，总结评比（20分钟）。

每小组派选代表参加作品评选，在导师的引领下评选出前三名优秀作品。导师颁发优秀作品奖。设计制作结束后，学生拍摄园林设计模型，予以保存，留作纪念。

十二、研学评价

按照《宜昌市中小学研学旅行学生评价实施办法（试行）》的相关规定，细化本课程具体评价标准，对每名学生给予 A、B、C、D 等级的评价。

十三、研学单位

本课程由湖北卫民生态园林研学基地提供。

基地地址：湖北省枝江市东湖大道 199 号。

联系人：王赛　　联系电话：18071901251。

稻花乡里说丰年

一、课程名称

稻花乡里说丰年。

二、课程内容

本课程围绕传统农业和现代农业的生产方式展开，选取传统农业中的收谷、担谷、晒谷、筛谷、装谷、运谷、卖谷以及现代农业中的无土栽培、高架种植为主要内容，让学生在实践中体验传统农业秋收劳动的辛劳和现代高科技农业带来的便利，让学生学会珍惜粮食，爱惜别人的劳动成果，热爱劳动，尊重他人。

三、教学目标

（一）问题解决

（1）引导学生学习农业起源、发展衍变，了解中国传统农耕文化；辨认不同种类的基础农具和学习农具的使用方法；了解春种秋收等基础的农业文化知识，体验秋收的乐趣。

（2）引导学生观摩现代农业的生产方式，进一步了解什么是现代农业，以及无土栽培、高架种植、水肥一体化等技术的实际运用情况。

（二）价值体认

引导学生在劳动中学会感恩，树立正确的劳动价值观，俭以养德。

（三）责任担当

引导学生分组进行、分工合作，充分发挥团队协作能力。

（四）创意物化

根据完成情况向学生发放不同的"五谷"锦囊，使学生加深对传统谷物的认知。

四、教学重点难点

（一）教学重点

（1）引导学生了解农业起源，以及基础的农业文化知识，掌握各种传统农具的使用方法。

（2）引导学生通过实际观察，了解现代农业的生产方式，以及现代农业的技术运用。

（二）教学难点
（1）引导学生在学习传统农业和现代农业的相关知识之后，能够对二者作出对比。

（2）引导学生参与实践，在保证安全的情况下提升课堂趣味性，提高学生的积极性。

五、课程时长
180分钟。

六、适合学段
小学高年级。

七、研学地点
蓝之美童梦小镇农耕园、科普大棚。

八、配备师资
导师2人/班。

九、研学用具
PPT、犁耙、筛子、麻袋、绳子、扁担、斗、独轮车、杆秤等。

十、研学流程

（一）课前准备（5分钟）
（1）研学导师清点学生人数，了解学生身体情况（如有学生身体不适，可安排该生见习）。

（2）研学导师根据当期学生实际人数进行人员分组，每组人数控制在10人左右，并引导学生选出各小组组长。

（3）研学导师划分各组课桌区域，组织学生按区域坐好。

（小组长任务：协助研学导师维持好本组纪律，在课程实施过程中，对本组内成员进行合理分工。）

（二）研学过程

1. 视频引入课程（10分钟）
研学导师播放视频，引入课程，视频播放完毕，向学生提问视频中涉及的内容，与学生进行互动（播放视频时，教师注意观察学生的眼神、表情、语言，在提问互动时，可以对认真观看的同学予以口头表扬），并由此介绍本节课程的具体组成部分

（第一部分为传统农业知识，第二部分为观摩高科技农业，第三部分为农业课程实践，第四部分为课堂小结）。

2.传统农业与现代农业课件讲解（介绍农业起源、发展衍变，使学生了解中国传统农耕文化）（30分钟）

（1）介绍农业起源。

农业起源于新石器时代，距今约一万年的历史。如今，世界上的许多主要农作物，如小麦、大麦、水稻、玉米、甘蔗、亚麻、棉花和多种蔬菜、豆类等，都在很早很早以前的原始社会就被人们种植了，我们的祖先历经了无数的艰辛，运用超凡的智慧，使人类延续下来。

（2）发展演变。

介绍完毕传统农业，结合学生现在的生活环境，让学生了解现在的农业生产生活方式，同时介绍无土栽培、高架种植、虾稻共生技术以及水肥一体化技术等现代农业技术。

（3）传承中国传统农耕文化。

中国的农耕文化有"男耕女织"之说，是千百年来中华民族生产生活的实践总结，是中华儿女延续下来并传承至今的一种文化形态，其中蕴含的思想精华和文化品格都是十分优秀的，例如培养和孕育爱国主义、团结统一、独立自主、爱好和平、自强不息、集体至上、尊老爱幼、勤劳勇敢、吃苦耐劳、艰苦奋斗、勤俭节约、邻里相帮等文化传统和价值理念，这些值得我们充分肯定和借鉴。

在介绍传统农业与现代农业知识的过程中，研学导师注意观察学生，留心学生是否有记录笔记等良好的学习习惯，在本环节结束之前，可对记录了笔记的学生进行分数奖励，培养学生随手记录的好习惯。

3.高科技农业观摩（30分钟）

带领学生参观农业科普馆中的高科技农业展示区，同时，研学导师讲述无土栽培技术、高架种植技术、水肥一体化技术，让学生实景观察和参与，在观察的基础上可以动手摸一摸，让学生参与其中。（见图3-21）

图3-21 学生观摩高科技农业展示区

4. 农业课程实践（80分钟）

（1）研学导师布置教学课程实践任务——收稻谷，带领学生分组展开讨论与交流。研学导师参与各小组，认真听取同学们的讨论。

（2）活动规则：本环节作为一项闯关任务以比赛的形式展开，学生要掌握农业生产中，稻谷从收割到储存和买卖的具体流程。学生在完成任务的过程中，需遵循"粒粒归仓"、人人参与的原则，充分发挥团队协作能力，此过程中若稻谷中途洒落地上，需返回起点处重新开始，用时最短、任务完成质量最高的小组获胜。

（3）学生做好准备后，各小组分别完成收谷、挑谷、晒谷、筛谷、装谷、称谷、运谷以及卖谷的闯关任务见表3-1（学生执行任务时，研学导师应做好安全监控、秩序监控并做好记录）

（4）学生课后也可实地考察稻谷的生长过程；查阅书籍，探究水稻在我国的种植区域以及农业技术在水稻种植上的应用与发展。

表3-1 课程实践流程

等级标准	等级评定
（1）收稻谷。 学生将稻谷从田间收回来后放置在打谷场	
（2）挑稻谷。 学生将装至麻袋的稻谷以打绳结的方式系在扁担上，用扁担将稻谷挑至晒谷场。此过程尽可能平均分配，并考虑女学生的力量大小，适当照顾女学生	

续表

等级标准	等级评定
（3）晒稻谷。 稻谷不能叠在一起，尽可能完全铺开	
（4）筛稻谷。 学生用筛子筛地上晒干的稻谷，将多余的尘土、石子过滤干净，要求每颗稻谷都要被筛过	
（5）装稻谷。 学生用米斗将筛干净的稻谷装入麻袋里	
（6）称稻谷。 米斗具有称重功能，学生需对装入麻袋里的稻谷重量进行预估	

续表

等级标准	等级评定
（7）运稻谷。 学生将装好的稻谷借助独轮车运送至村委会售卖，小组预估的稻谷重量与磅秤称过的重量越接近得分越高；独轮车的使用需由一名学生主控，多名学生从旁协助	
（8）卖稻谷。 认识磅秤；将稻谷过磅计算总价格，计算结果用时最短的小组将加分	

5. 课堂小结（25分钟）

学生经过课程实践，对传统农业的生产方式有了更深的了解。那么研学导师组织学生分组坐好，进行课程总结，回顾在传统农业中我们使用的农具，稻谷收割流程等知识。除此以外，师生们还可以对比传统农业，来讨论高科技农业的便利在哪里，高科技农业的好处等，以及在生活中可以将所学到的知识运用在哪些方面。

十一、研学评价

按照《宜昌市中小学研学旅行学生评价实施办法（试行）》的相关规定，细化本课程具体评价标准，对每名学生给予A、B、C、D等级的评价。

十二、研学单位

本课程由蓝之美童梦小镇研学旅行基地提供。

基地地址：宜昌市夷陵区龙泉镇水府庙村良田畈。

联系人：韩庆全　　联系电话：13872625848。

学习鱼菜共生模式　体会现代农业魅力

一、课程名称

学习鱼菜共生模式　体会现代农业魅力。

二、课程背景

中国是一个农业大国，可是我们当代学生却对农业有些陌生，提到农业，学生的第一印象便是面朝黄土背朝天的劳作，第一感受便是辛苦、劳累、汗流浃背……

基于此，我们开设本节课程，目的在于向学生们普及现代高科技农业，刷新学生们对于农业的认知，激发学生们对于现代农业的热爱！

三、课程内容

本节课以"鱼菜共生"为主题，鱼菜共生是一种新型的复合耕作体系，它把水产养殖与水耕栽培这两种原本完全不同的农耕技术，通过巧妙的生态设计，实现科学的协同共生，从而实现养鱼不换水而无水质忧患，种菜不施肥而正常成长的生态共生效应。学生们通过道具实践，制作鱼菜共生系统，在实践中学习，了解相关农业生产知识。

四、教学重点难点

（一）教学重点

（1）鱼菜共生系统原理。

（2）激发学生们对现代农业的热爱。

（二）教学难点

（1）鱼菜共生系统装置的成功制作。

（2）激发学生们对现代农业的热爱。

五、课程目标

（一）价值体认

普及现代高科技农业，使学生感受现代农业的魅力，刷新以往对农业的认知，激发学生对现代农业的热爱。

（二）责任担当

在小组分工制作鱼菜共生系统装置的过程中，能够服从小组分工，遵守秩序和纪律，培养学生规则意识、服务意识和集体责任感。

（三）问题解决

通过学习和小组探究，掌握鱼菜共生系统的基本原理，并能将其运用到鱼菜共生系统模型的制作过程中，去解决一些实际问题。

（四）创意物化

通过制作鱼菜共生装置，激发学生对一些现代农业技术原理的兴趣，并在课后积极主动探索其他现代农业技术，且能将其运用到实际生活中去。

六、课程时长

90分钟。

七、适合学段

初中年级。

八、研学地点

嘉禾少年实践教育基地现代农业大棚。

九、配备师资

每班配研学导师1名。

十、研学用具

废旧整理箱10个，丝瓜棉10个，PVC水管10套，水泵10套，虹吸装置10套，废旧矿泉水瓶60个，一次性水杯60个，石子、剪刀、种植机质若干，鱼苗10只，蔬菜苗60棵。

十一、研学流程

（一）学生分组（5分钟）

将学生分为5—6人一小组，并在每组选择一位同学作为小组组长，强调小组长的职责，负责组织活动开展、组内探讨及分享、维护组内课堂纪律、收发清点器材等。

（二）情景引入（5分钟）

课程教室设置在基地现代农业大棚中的鱼菜共生系统旁（见图3-22），先通过现场观察，让学生们现场感受到鱼菜共生系统的特点后，再进入课程。

（三）导师指导（20分钟）

结合大卫·库伯的学习圈理论，导师利用三步引导法引发学生自主思考。

（1）学生的具体生活经验（是什么）：养鱼需要按时换水，种菜需要定期施肥。

(a)

(b)

图 3-22 现代农业大棚

（2）导师提问（为什么）：养鱼为什么要换水？种菜为什么要施肥？

（3）引发学生自主思考，得出结论：鱼的排泄物和饲料残渣会降低水质，所以需要换水；土壤本身并不能提供充足的营养供植物生长，所以要进行施肥。

（4）导师再次提问：含有鱼类排泄物和饲料残渣的"废水"对于植物来说是什么呢？

聪明的学生已经有了答案……

（5）通过导师一系列的引导性提问，引发学生自主思考，了解鱼菜共生系统的基本原理（见图 3-23）。在学生通过自主思考了解鱼菜共生系统原理后，导师再进行讲解。

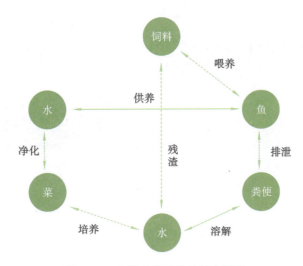

图 3-23 鱼菜共生系统的基本原理

（6）导师讲解鱼菜共生系统原理。

（7）导师讲解简易鱼菜共生系统装置如何制作。

①展示介绍所需全部道具，如图 3-24 所示。

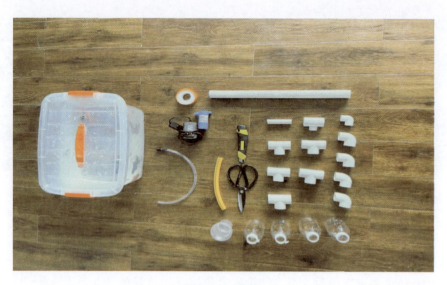

图 3-24 道具

②用 32 毫米水管连接 32 毫米三通、32 毫米弯头、32 毫米转 20 毫米三通，完成后如图 3-25 所示。

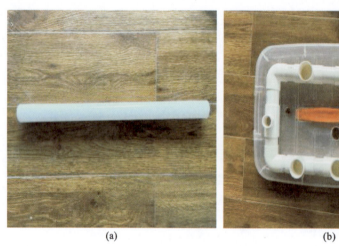

图 3-25 水管

③将矿泉水瓶剪至 15 厘米，用水管胶带将瓶口缠绕与 32 毫米三通紧密连接，如图 3-26 所示。

④将 20 厘米水管取 8 厘米长，15 毫米软管与 20 毫米弯头进行连接，插入 32 毫米转 20 毫米的三通上，如图 3-27 所示。

⑤将整理箱盖钻 2 个洞如图 3-28 所示。

⑥将 10 毫米水平管与水泵连接，如图 3-29 所示。

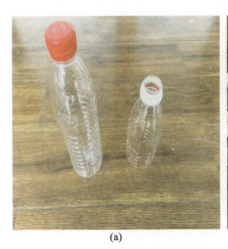 

(a)   (b)

图 3-26　连接

 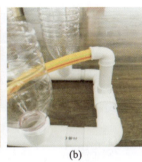 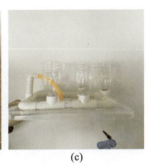

(a)   (b)   (c)

图 3-27　连通

图 3-28　钻洞   图 3-29　连接

⑦将连通器、整理箱、水泵进行组装,如图3-30所示。

图3-30 组装

⑧将一次性水杯底钻若干小洞,将绿植海绵装好如图3-31所示。

图3-31 绿植制作完成

(四)分组实操(30分钟)

(1)组长领取导学单、评价表。
(2)分组开始实操。
(3)导师在一旁观察指导。

(五)成果展示(10分钟)

学生分小组展示鱼菜共生系统装置,导师对装置进行评测,查看是否会产生虹吸现象。

（六）交流评价（10分钟）

分小组，组内或小组之间分享学习收获、感悟及思考。导师营造学生相互交流的氛围，调动学生主动分享的积极性。各小组通过交流评价找到不足，进一步优化方案，导师进行优化方法的引导。

导师进行总结，指出缺点和问题，引导学生解决问题；发现学生的优点，引发学生对科学探讨的兴趣和积极性。

（七）课堂延伸（5分钟）

（1）想一想还有什么类似于鱼菜共生的生态循环。

（2）为什么要发展现代农业科技？

（3）导师创立QQ群，为学生提供互相学习交流的平台，针对课后思考题，可在QQ群和学生进行交流，做到教学相长。

（八）整理归还器材（5分钟）

（1）小组长交叉检查的小组器材整理情况，如有器材损坏、丢失，报告导师。

（2）每小组派两名同学打扫制作区的卫生，将加工的废弃材料、污垢、灰尘等打扫干净。

（3）导师检查各小组整理任务完成情况。

十二、研学评价

按照《宜昌市中小学研学旅行学生评价实施办法（试行）》的相关规定，细化本课程具体评价标准，对每名学生给予A、B、C、D等级的评价。

十三、研学单位

本课程由嘉禾少年实践教育基地提供。

基地地址：宜昌市点军区土城乡茅家店村323省道旁。

联系人：易丽丽　　联系电话：18071328852。

"艾"上牵花绣　心念峡江情

一、课程名称

"艾"上牵花绣　心念峡江情。

二、课程内容

在三峡大坝的左岸生活着一群淳朴、勤劳的人们，他们为三峡大坝的建设义无反顾地奉献出他们的家园，他们用勤劳与智慧重建家园。带着对故土的眷恋与非遗文化的传承，绣女们开启了自己的创业之旅，经过不断的努力，最终运用牵花绣创立了"峡江绣女"——三峡艾这个品牌，让艾草香包融入了传统文化与非遗技艺，让"艾"发挥到极致。本课程以绣品带同学们走进牵花绣的世界，解读牵花绣的历史源流和创建牵花绣基地的背景。非遗传承人授课，从穿针引线到制作完成，培养学生动手能力，学生在动手的过程中体会当地风情。最后，把"艾"带回家与家人分享。

三、课程目标

（一）价值体认

了解牵花绣的历史，体会舍己奉公、艰苦创业、勇于创新的三峡移民精神。

（二）责任担当

学习非遗技艺，认同传统文化并愿意继承和传扬传统文化，增强学生的民族自豪感和自信心。

（三）问题解决

通过牵花绣的技艺针法学习，掌握牵花绣的基本针法技术，如平针绣、轮廓绣、锁链绣等，并能探究总结，将学习的针法运用在日常生活中。

（四）创意物化

通过实地参观，结合当地特有的文化产业，引导学生完成艾草香包的制作，将本次所学牵花绣针法应用到平时生活中，自主完成各类手工，例如艾草粽子包、艾草抱枕、艾草挂件等，使学生感悟创新精神在时代背景下的重要作用。

四、教学重点难点

（一）教学重点

引导学生掌握牵花绣的绣品针法，如平针绣、回针绣、锁链绣等，指导和培训学生动手穿针、引线、填充、选择针法等，使学生了解牵花绣的特色及工艺流程。

（二）教学难点

通过现场实操演示，使学生掌握部分牵花绣的制作方法，并能运用所学方法，制作简单的牵花绣作品。

引导学生参观和了解许家冲村，增加学生对牵花绣的认同感。

五、课程时长

90分钟。

六、适合学段

小学高年级。

七、研学地点

许家冲村委会、手绣基地、研学教室。

八、配备师资

配导师1人/班。

九、研学用具

课程PPT、音响设备、手工包50套（包括艾草、针、线、布、装饰花、剪刀等）。
备注：手工包人手一套。

十、研学流程

（一）参观导入（20分钟）

（1）研学导师为同学们讲解课程主要内容、课程目标、课程开展中的注意事项。

（2）实地参观许家冲村，沿着2018年4月24日习近平总书记考察许家冲村的路线，参观了解许家冲村的村貌和建设现状，包括便民洗衣池、便民服务室、电子商务服务站、污水处理厂、对口支援及产业发展展板等。在移民陈列馆感受移民村淳朴的风土人情浓厚的文化底蕴。

（3）走进当地移民创业企业——宜昌沁邑民俗文化产业发展有限公司，聆听导师讲解移民的创业史；现场观摩峡江绣女的精湛技艺作品；体会当地人民舍己奉公、艰苦创业、勇于创新的三峡移民精神（见图3-32）。

（二）课程导入（5分钟）

在研学教室观看许家冲村专题纪录片《我们一起走过的日子》，情景式导入，由导师带领学生，借助视频，了解三峡移民在搬离故土、少田少地、生计艰难等重重困难的情况下，是如何重建家园、创业求存的。

图 3-32　参观

（三）动手实践（40 分钟）

（1）认识材料。教具包含针、线、剪刀、绣布、绣框、艾草。

　　导师介绍教具正确的使用方法及操作注意事项。例如：绣框的使用方法、艾草的用途及功效。

（2）导师通过 PPT 讲解什么是牵花绣，它产生的环境及作用，让学生了解本地独特刺绣——牵花绣，欣赏牵花绣的作品，发现牵花绣的美。

（3）针法演示。导师通过解说并配有视频，分步骤讲解绣品针法要求，将每一步需要注意的地方重点讲解。学生学习平针绣、回针绣、锁链绣。

（4）学生实操。根据老师讲解演示的步骤，学生动手穿针、引线、填充、选择针法、进行创新，完成一个艾草香包成品（见图 3-33）。特别注意，艾草填充要求针法熟练及创新。

图 3-33　实操

（四）研学成果展示（15分钟）

导师将学生制作好的香包拍照留念（见图3-34），选出优秀作品给予嘉奖，并请学生代表谈制作体会，重点引导学生体会自己动手制作过程中体现的细致、认真、勤劳等一些优良劳动品质。

图3-34 作品

（五）完课整理（10分钟）

（1）研学导师结合学生作品对学生课程内容探究方面进行评价。

（2）将针及剪刀进行回收，不允许学生带走。

（3）完成桌面的整理及垃圾分类处理。

（4）强调学生进出注意安全并进行交接工作。

（5）提醒学生带走制作好的香包回家与亲人分享。

十一、研学评价

按照《宜昌市中小学研学旅行学生评价实施办法（试行）》的相关规定，细化本课程具体评价标准，对每名学生给予A、B、C、D等级的评价。

十二、应急预案

安排工作人员在课程中巡查，引导学生规范使用针线，及时纠错；配备专业队医及医护装备，及时有效地处理各种突发状况，保障学生安全，使研学活动有序进行。

十三、研学单位

本课程由宜昌市许家冲研学基地提供。

基地地址：湖北省宜昌市夷陵区许西路26号。

联系人：魏青　　联系电话：18602390993。

创意草编——生活中的"百草味"

一、课程名称

创意草编——生活中的"百草味"。

二、课程介绍

导师组织学生参观草编物品，介绍基础草编手法及草编原料，并组织学生亲手制作草编，让学生了解草编，认知中国古代人民的智慧，从而热爱中国的传统文化，热爱伟大的祖国。本课程同时培养学生的动手能力，激励他们继承和发扬伟大的工匠精神，传承非遗文化。该课程为2020年宜昌文化旅游教育成果展示精品课程。

三、课程目标

（一）价值体认

聆听草编历史文化，感受中国传统文化魅力。在观察与实践中弘扬传统文化，增强民族文化自信，传承工匠精神。

（二）责任担当

能与小组成员共同合作，积极交流，能够主动分享体验和感受。

（三）问题解决

通过导师的引导，初步了解草编的常用材料及用具，以及草编的基本技法。在导师的带领下，分组设计制作自己的创意草编作品。

（四）创意物化

通过课程学习，了解"物以致用"的设计思想，并运用设计理念和工艺技巧完成一件完整的草编作品。

四、教学重点难点

（一）教学重点

指导和培训学生掌握草编的制作方法，如套环法，以及"编、掐、钉"等技巧，使学生了解草编工艺特色及工艺流程。

（二）教学难点

通过现场演示、实操及实物观察、欣赏，让学生掌握部分草编的制作方法，能运用所学方法制作简单的草编作品，如灵活运用套环法编织各种小动物等。

五、课程时长
90 分钟。

六、适合学段
小学高年级。

七、研学地点
室内编织教室。

八、配备师资
研学导师 1 人。

九、教学用具
草编棕叶、剪刀、手工钳、细铁线、仿真眼、高清摄像头、耳麦、投影。

十、研学流程

（一）行前

（1）组织学生查阅相关草编知识，了解草编历史及材料。

（2）将所有上课学生分成 10 人一组，选出小组长，各小组自行取小组名。

（3）准备好教学所需的棕叶、剪刀、手工钳、细铁丝。

（二）行中

（1）向学生展示丰富多样的草编作品（见图 3-35），提问并做介绍。引起学生的注意，加深兴趣。（10 分钟）

图 3-35　草编

（2）向学生介绍编织是人类较古老的手工艺之一。据《易经·系辞》记载，旧石器时代，人类以植物韧皮编织成罟（网状兜物），作为我国非物质文化遗产，草编这项古老的技术逐渐从实用性向艺术性过度，催生一系列编织工艺品（见图3-36）。编织工艺品是将植物的枝条、叶、茎、皮等加工后，用手工编织而成，在原料、色彩、编织工艺等方面形成了天然、朴素、清新、简练的艺术特色。按原料划分，编织工艺品主要有竹编、藤编、草编、棕编、柳编、麻编6大类。（5分钟）

图3-36　草编工艺品

（3）介绍草编制作的原料，有棕叶、玉米皮、麦秸、柳条、麻等，它们天然的浅黄、浅棕、乳白等色彩和质地给人们以自然素质的美和淳朴的艺术享受。如山东柳编的筐、篮、篓、花盆套等，既呈现柳条典雅的浅棕色，又体现编织工艺简练，风格粗犷，富有天然野趣。（5分钟）

（4）讲解草编制的基本技法，有编织、缠扣、钉串等多种技法。草编的装饰方法多样，可运用布贴、刺绣、蓝印花布、绒绣等工艺，使成品更加多彩。可在草编、玉米皮编的提篮上装饰刺绣、布贴、绒绣或彩色草编图案，使其雅致中又显高贵。（15分钟）

（5）分发材料，以小组为单位集体讨论作品设计方案和分工。然后在规定时间内完成作品如图3-37所示。（40分钟）

（6）老师巡视并选出有代表性的作品，请小组成员分享创作想法、制作过程和课程收获。（15分钟）

图 3-37 制作作品

（三）行后

（1）学生总结本堂课学到的知识点，完成研学手册。

（2）重新欣赏导师带来的草编实物，从艺术赏析的角度去观赏草编之美。

（3）回收教学道具，整理教室，组织学生有序退场。

十一、研学评价

按照《宜昌市中小学研学旅行学生评价实施办法（试行）》的相关规定，细化本课程具体评价标准，对每名学生给予 A、B、C、D 等级的评价。

十二、应急预案（安全保障）

（1）基地配置专业的队医和医疗救护装备，可以在最短时间内为学生处理意外伤害，保证研学安全有序进行。

（2）基地配有安全员，积极做好预防教育及措施，防止学生体验活动中受到意外伤害。

（3）基地配有各类紧急预案，随团总控进行巡查监督，保证研学活动正常有序进行。

（4）草编制作讲解，研学老师及助教反复强调工具的正确使用方法和注意事项。

（5）学生动手制作草编时，老师时刻观察学生的操作情况，如有不规范的及时纠正。

（6）课程结束后，集合清点人数，确保人员到齐，防止学生走失。

十三、研学单位

本课程由宜昌三峡水乡旅游开发有限公司提供。

基地地址：湖北省宜昌市远安县北门村 2 组。

联系人：李琴　　联系电话：18107170401。

第四章 国防科工篇

DISIZHANG GUOFANG KEGONG PIAN

国之重器　世纪大坝——定向篇

一、课程名称

国之重器　世纪大坝——定向篇。

二、课程内容

（1）了解三峡工程的综合效益。

（2）了解实践课堂规则。

（3）在坛子岭、185园区近距离观摩大坝全貌，实地了解三峡工程及其所产生的综合效益。

（4）在截流纪念园完成三峡工程相关知识点及拓展游戏等实践课堂任务。

三、课程目标

（一）价值体认

通过研学课程，提升学生对水利科学的认知及研究兴趣，培养学生的文化自信感，激发民族自豪感。

（二）责任担当

实践课堂以定向运动为载体，传承红色基因，培养学生顾全大局的爱国主义精神和奉献精神。

（三）问题解决

通过室外实践课堂，增强学生身体素质；培养学生团队协作意识；锻炼学生独立思考及解决问题的能力；提高学生在体力下降和智力受到压迫的情况下迅速反应、果断决定的能力。

（四）创意物化

认识比例尺，学会正确使用指北针和地图完成实践课堂教学目标；利用实验材料包，完成三峡工程相关模具拼装。

四、教学重点难点

（一）实践课程研学器材的使用方法

通过导师演示及学生模拟演练，使学生掌握实践课程研学器材的使用方法。

（二）正确认识三峡水利枢纽工程的综合效益

通过展板和电子设备，让学生了解三峡水利枢纽工程的综合效益。

（三）了解三峡水利枢纽工程的通航建筑物的基本原理

通过展板和电子设备，让学生了解三峡水利枢纽工程的通航建筑物的基本原理。

（四）了解截流石相关知识

通过展板及实验教具，让学生了解截流及截流石的相关知识。

五、课程时长

理论课 90 分钟，实践课 180 分钟。

六、适合学段

小学高年级及初中年级。

七、研学地点

理论课：基地多功能场馆。

实践课：三峡大坝园区。

八、配备师资

每班配 1 名研学导师。

九、研学用具

地图、指卡、点标旗、点信器、PPT 讲稿、任务道具、实验道具、多媒体设备。

十、研学流程

（一）理论课堂

（1）通过 PPT 讲解、观看视频方式，了解三峡工程有关知识点（见图 4-1），传承三峡工程红色基因，激发民族自豪感。（30 分钟）

（2）学习实践课堂规则，掌握地图的使用方法。（30 分钟）

（3）实践活动模拟实操。（15 分钟）

（4）带领同学们进行分组（5 人／组），选出各组小组长，公布活动规则。（15 分钟）

图 4-1　课外实践课堂地图

（二）实践课堂（180 分钟）

（1）在坛子岭、185 园区近距离观摩大坝全貌，了解工程百年历史和科学管理运行发挥的综合效益。（60 分钟）

（2）在截流纪念园实践课堂运动起点领取地图、指北针、指卡，任务书，然后根据导师给出的要求，领取任务（见图 4-2）。（10 分钟）

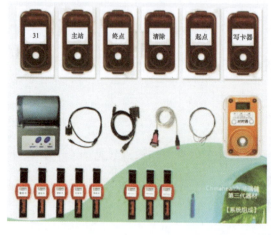 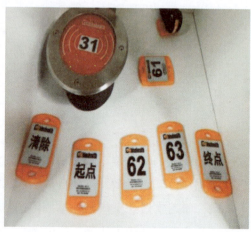

图 4-2　研学工具

（3）完成各打卡点任务。

①知识打卡点 4 个。（30 分钟）

学生通过现场导师在各知识点的讲解及打卡点展示牌的知识内容见图 4-3，结合理论课堂所学知识，回答各点现场导师提出的问题。全组成员答题完毕后，导师出示打卡器，完成当前点打卡。

图 4-3　知识打卡点

②红色基因展示点 3 个。（10 分钟）

学生通过展板上的内容，更加深刻地了解三峡大坝的红色基因，激发爱国热情。并设置"红色"合影框，留下研学美好瞬间。

③体能及团队协作打卡点 3 个。（20 分钟）

学生根据打卡点主题，以趣味游戏，团队协作等方式见图 4-4，完成导师给出的要求。全体完成后，导师出示打卡器，完成打卡。

图 4-4　体能及团体协作打卡点

④自我探究学习打卡点2个。(10分钟)

学生根据地图给出的标识,找到打卡点,自行学习了解相关只是后在打卡器上完成打卡见图4-5。

图4-5 自我探究学习打卡点

⑤拼装实验道具(见图4-6)。(20分钟)

图4-6 拼装

⑥终点提取成绩及排名,颁发研学课程结业证书及优秀学员奖品、合影留念,结束课程。(20分钟)

十一、研学评价

按照《宜昌市中小学研学旅行学生评价实施办法（试行）》的相关规定，细化本课程具体评价标准，对每名学生给予A、B、C、D等级的评价。

十二、安全保障

（1）基地要定期检查基地各项设施设备，及时消除隐患，防止事故发生。

（2）基地工作人员要维持课程秩序，预防安全事故的发生。

（3）基地安全保障员必须规范巡查，确保疏散口畅通，遇事故发生时，及时组织学生有序撤离。

十三、研学单位

本课程由三峡大坝研学基地提供。

基地地址：湖北省宜昌市三峡坝区江峡大道十三小区五号楼。

联系人：邓玉娥　　联系电话：13972577594。

猎狐行动——无线电测向

一、课程名称

猎狐行动——无线电测向。

二、课程内容

无线电测向运动又叫"猎狐"。本课程事先将电台隐藏在校园内,电台会定时发出无线电信号,学生利用无线电测向机去探寻隐藏的电台,最先找到的小组获胜。本课程的重点是使用无线电测向机接收无线电信号寻找电台,难点是测向机搜台方法的掌握。这项活动有利于学生开阔眼界、增长知识、磨炼意志。

三、课程目标

(一)价值体认

通过分组学习、交流,培养敢于分享、乐于分享的生活态度;通过相关知识的介绍和猎狐行动的开展,体验到无线电测向的乐趣和意义所在,激发学生学习无线电的兴趣。

(二)责任担当

在活动过程中遵守活动规则,服从小组分工,规范操作仪器,永不言弃地去完成活动任务。培养学生的规则意识、服务意识、协作意识和团队责任感,助其形成良好的科学态度,并将其运用到科学探究、服务活动中。

(三)问题解决

能运用相关知识研究测向机探测电台的方法,并将该方法运用到猎狐行动中。

(四)创意物化

通过装配无线电测向机和自主学习摩尔斯电码,培养学生独立思考能力、分析判断的能力、动手实践的能力,并能让学生在课后将摩尔斯电码创意地运用到生活中。

四、教学重点难点

(一)教学重点

引导学生掌握测向机的搜台方法。

（二）教学难点

学生通过研学导师的讲解示范和自主学习，掌握本课程重点，实地开展"猎狐"行动，使用测向机探测电台。

五、课程时长

180 分钟。

六、适合学段

初中年级。

七、实施地点

宜昌市青少年综合实践学校校园内。

八、配备师资

以班级（每班 50 人）为单位设置 1 名研学导师。

九、教学用具

短 2 米波段测向机整机 50 部、短 2 米波段测向信号源 11 部、电子打卡系统、PPT 课件、导学单 10 份。

十、研学流程

（一）研学准备

（1）课前将 10 部工作用的短 2 米波段的测向信号源（即电台）隐藏在校园内相应的活动区域，要求起点与各台及各台间距为 30 米至 200 米。

（2）在起点（教学楼一楼门口）、终点（教学楼一楼门口）和紧靠每个电台处设置一个电子打卡器。

（3）每组分发 5 部短 2 米波段无线电测向机、1 份导学单。

（4）随机将学生分成 10 组，5 人一组，每组推选一名小组长负责本组的活动组织和器材保管。

（二）课程知识点导入

1. 教学引入（5 分钟）

采用实物展示测向机，学生观察测向机并联系生活中常见的无线电接收设备，如电视接收天线、收音机、对讲机、遥控玩具等，以此导入玩遥控汽车玩具时有关无线电接收信号的例子。

2. 无线电测向初探（10 分钟）

在玩遥控汽车时，如果遥控器离遥控汽车越来越远，信号是越来越强还是越来越弱？以此引出知识点：接收器（玩具汽车）相对发射源（遥控器）的方位不同，会对信号的接收效果产生影响。我们可以根据信号的强弱判断发射源的方位，引出无线电测向运动。播放无线电测向运动的视频，结合PPT课件介绍无线电测向运动的起源和在军事上的应用，介绍国际国内的各大赛事。

（三）研学任务实践探究

1. 创设情境，提出问题（5分钟）

创设情境：现在敌军正和我军交战，我军的侦察连侦察到敌军的电台号，但是不知道具体位置，需要小侦察兵们去找到它并摧毁它。这样，我军就可以截获并成功阻断敌军的情报。

提出问题：小侦察兵们，我们应该怎么样去找到隐藏的电台呢？引发学生学习无线电测向机的兴趣。

2. 分组自主学习（20分钟）

各组在组长的组织下学习导学单，拼装测向机，重点学习测向机的持机方法、摩尔斯电码的内容和测向机探测电台的方法。导师在巡视的过程中对有问题的学生和小组进行引导，通过自主学习掌握测向机的持机方法，初步掌握测向机探测电台的方法。

3. 教师示范讲解（15分钟）

部分学生演示测向机的持机方法和测向机探测电台的方法，导师纠正错误，并示范讲解，帮助学生掌握测向机探测电台的方法。

正确的持机方法是：右手持机，大拇指靠近单向开关，其他四指握测向机，手背一面是大音面，松肩，垂肘，测向机举至胸前较高位置，距离人体约25厘米，保持天线与地面垂直，如图4-7所示。

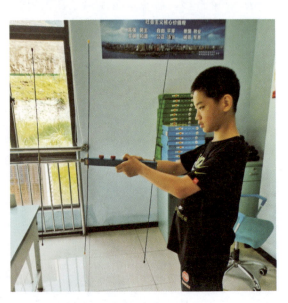

图4-7 持机

短2米波段无线电测向的基本方法和基本技术：

①打开短2米无线电测向机后调频，找到你要找的无线电台，之后调整声音，避免声音太大，这是各个台的声音（．是短音，—是长音）：

摩尔斯电码	发射频率
1号台：— — — — ．	144.100 MHZ
2号台：— — — — ．．	144.200 MHZ
3号台：— — — ．．．	144.300 MHZ
4号台：— — ．．．．	144.400 MHZ
5号台：— ．．．．．	144.500 MHZ
6号台：— ．．．．	144.600 MHZ
7号台：— — ．．．	144.700 MHZ
8号台：— — — ．．	144.800 MHZ
9号台：— — — — ．	144.900 MHZ
0号台：— — — — —	145.000 MHZ

②将机器向前，天线垂直，360°旋转，寻找声音最大的地方，这个方向就是无线电台所在的方向。

③靠近无线电台时，如果觉得声音太大，就把声音调小或将机身放平。

④只要一直向前走，就可以找到无线电台。

4. 抢答识别摩尔斯电码（15分钟）

导师打开短2米波段无线电测向信号源拍发不同的电台台号，学生以抢答的方式辨别各个电台的摩尔斯电码的声音。

5. 开展猎狐行动（75分钟）

导师强调行动注意事项、电子打卡系统的使用方法和行动规则。学生到行动起点处集合在校园规定区域内开展猎狐行动。

（1）行动注意事项。

①仅限于在校园规定的活动区域收测。

②正确使用测向机，爱护器材。

③注意实地探测时的安全性。

④在实地探测的过程中不要移动电台的位置或将电台关闭。

（2）电子打卡系统的使用方法。

①电子打卡系统包括记录侦察兵信息的计时指卡和将有关信息写入计时指卡的电子打卡器。

②计时指卡在所有侦察兵行动前分发，在紧靠每个电台处设置了一个电子打卡器。

③侦察兵出发前需用计时指卡接触起点处的电子打卡器（即"打卡"）。

④侦察兵找到隐蔽电台后，需在该处用计时指卡打卡，这就证明找到这个电台了。

⑤侦察兵回到终点后需在终点进行打卡。

（3）猎狐行动规则。

①同组别各队应找电台号顺序从0—9号的10部电台，每名队员应找的电台台数、台号及寻找顺序由各队自行分配。每组填写行动任务单（见表4-1）交给导师。

组别：

表4-1　行动任务单

组员姓名					
寻找电台台号					
本组总找台数					
测向时间					

图4-8　实践

②行动时所有侦察兵同时出发，每组测向时间以本组中最后到达终点者所用时间为准。成绩以全组找到的电台的总台数、测向时间的顺序计算。

③允许组员间的交流合作，但不允许代替他人打卡。

④找到的电台的台数最多、用时最短的小组夺得此次行动的第一名，找到的电台的台数与第一名相同、用时稍长的小组获得第二名，以此类推。获得前三名的小组的侦察兵，每人获颁发一枚优秀侦察兵勋章。

⑤如果60分钟行动时间未到，没有找完10部电台的小组回到终点，不能再继续寻找电台。60分钟行动时间到，未回到终点的小组视为"侦察兵阵亡"，行动失败。实践过程如图4-8所示。

（四）研学成果展示

1. 分享交流（20分钟）

学生回到教室分小组讨论这次行动中遇到的问题及解决办法，以及本课程的收获和体会。每小组推选一名组员在全班进行分享，导师对学生的分享及时给予总结，建立QQ交流群，保持后续的学习和交流。

2. 课后延伸（5分钟）

无线电测向技术可以应用于生活中哪些领域？

例：四川卧龙山野生动物研究基地利用无线电信号追踪放生的野生动物的行踪等；生活中应用的GPS定位仪。

3. 器材整理（10分钟）

根据器材清单，分小组清点整理，保证器材完整、没有丢失。如有丢失，小组长立刻报告导师。

十一、研学评价

按照《宜昌市中小学研学旅行学生评价实施办法（试行）》的相关规定，细化本课程具体评价标准，对每名学生给予A、B、C、D等级的评价。

十二、注意事项

（1）仅限于在校园规定的活动区域收测，组长随时关注本组组员的安全，当发现学生有危险行为倾向的时候，应该立刻制止并报告给导师。

（2）安全员在学生活动区域巡视，随时关注学生的安全，当发现学生有危险行为倾向的时候，立刻制止。

十三、研学单位

本课程由宜昌市青少年综合实践学校提供。

基地地址：宜昌市点军区一中路2号。

联系人：敖庆林　　联系电话：13339797367。

揭开物联网的奥秘——百变温度计

一、课程名称

揭开物联网的奥秘——百变温度计。

二、课程内容

本课程以揭示物联网奥秘为主题,重点介绍物联网原理和各类传感器的应用,同时利用项目式学习的教学设计,以此次疫情中测量体温为线索,制作出一个适合日常使用的智能温度计(通过语音或其他形式控制),使学生能发现相关问题并能运用课程所学解决问题,感受到科技在生活中的应用以及科技创新对社会发展的重要作用(见图4-9)。

图 4-9 课程实践

三、课程目标

(一)价值体认

通过了解物联网和传感器,制作出符合日常生活需求的智能温度计,培养学生关注生活和科学求真的态度；在制作温度计的过程中，形成实事求是、勤于钻研的科学态度和习惯。使学生感受到创新精神和创新能力的重要性。

（二）责任担当

通过对物联网概念的理解，探究完成主题项目，增强行动能力，培养学生团结合作的意识，形成对自我和小组负责任的态度。

（三）问题解决

学生通过联想日常生活中物联网应用场景，加深对物联网概念的理解，并能发现温度计的缺陷，能准确地区分各类传感器的功能，以及如何针对温度计缺陷进行改进。

（四）创意物化

学生根据项目需求和已知问题，结合生活中的经验和提供的各类传感器，运用物联网技术的相关原理，改进作品中的缺陷，设计并制作出符合要求的智能作品，提高分析及解决问题的能力和创意实现能力。

四、教学重点难点

（一）教学重点

让学生了解各类传感器与物联网的关系。

（二）教学难点

使学生能准确区分各类传感器的功能，并能运用物联网技术原理改进作品，达到"智能"要求。

五、课程时长

90分钟。

六、适合学段

初中年级。

七、研学地点

宜昌市青少年综合实践学校物联网教室。

八、配备师资

每班配1名研学导师。

九、研学用具

智能音箱、空气净化器、人体感应器、无线开关、多功能网关、平板电脑、温度传感器、声音传感器、红外线传感器、控制模块、显示模块、语音播报模块、喇叭、三维造型模块。

十、研学流程

（一）课前准备（5分钟）

（1）课前准备好实验器材，并附有物品清单一份，后续由指定小组长在课前、课后予以清点核对并签字。

（2）根据当期学生实际人数进行分组，每组人数控制在4—6人。

（3）导师清点学生人数，并引导学生选出各自的小组长。

（小组长任务：维持本小组纪律，在项目实施过程中对本小组进行合理分工。）

（二）研学过程

1. 物联网初探（20分钟）

（1）物联网概念（10分钟）。

各小组从智能音箱、空气净化器、人体感应器、多功能网关、无线开关、平板电脑中选择一个设备，根据生活经验探索其功能，并提出问题：怎样用尽可能多的方式控制空气净化器的开关状态？

各小组通过探究性学习，相互合作，积极同其他小组配合，了解其他设备的功能，并验证是否可以通过其他设备来控制空气净化器，验证成功后到设备展示台做出演示。不同阶段需完成实验学习单中相应内容，如表4-2所示。

表4-2 实验学习单

本小组获得设备	预想功能	实际功能

有多少种方法可以控制空气净化器？请填写方法。

通过此环节，学生发现每组设备之间都相互联系，可通过相应方式控制空气净化器的开关，仿佛一张无形的网连接起了这些设备，由此得出物联网的基本概念：物联网即物物相连的互联网络。

（2）物联网基础及重点介绍（10分钟）。

观看科普视频并结合授课PPT，进一步厘清物联网的概念。学生通过视频探寻物联网的两大基础构成——传感器与网络。

导师引导学生联想并列举生活中常见的物联网应用，比如疫情期间停课不停学、远程会诊等，介绍本堂课重点内容——传感器。

2. 物联网实践探究（45分钟）

（1）任务设置。

在疫情期间，每天必做的一件事情就是测量体温，同学们需要借助本节课提供的器材来制作一个方便使用的智能温度计。

（2）自主学习。

①探究传感器。学生根据提供的传感器结合学习单，了解各传感器的基本功能、优点和缺点，能区分不同应用场景下传感器的不同功能。如信息采集功能，基于信息采集后的触发功能。

②探究智能温度计工作原理。学生结合智能温度计原理图，在括号与色块中填写相关内容，掌握智能温度计的工作原理，如图4-10所示。

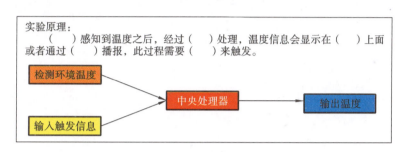

图4-10　工作流程图

③组装智能温度计电路。组装过程中验证每个模块具体功能，小组协作，确定智能温度计的感应方式和温度输出方式。（温度计可分为两大类：温度通过数字显示的、温度通过语音播报的。这两大类又可分为语音控制和人体感应控制，即通过人体传感器或者声音传感器实现智能触发功能。）

④设计制作温度计外观造型。造型需结合已选择传感器来合理设计，发挥该传感器最大优势并利用造型模块合理搭建。

⑤将电路与造型结合形成完整作品。

3. 智能温度计展示（15分钟）

成果展示，评价总结：每组选出一人为代表，从作品名称、制作过程、遇到的困难、解决方法以及温度计优势这几个方面来进行阐述，旨在让学生收获反思、展示自我，并对未来物联网的应用予以展望。

4. 器材整理和桌面清理（5分钟）

（1）小组长交叉监督其他小组器材，如有工具损坏报告导师。

（2）检查桌面杂物是否清理完毕，并打扫小组周围地面。

（3）导师检查各小组整理任务完成情况。

5. 课后延伸

（1）在生活中注意留心观察，能判断相关场景是否运用了物联网技术，切身感受物联网技术在实际生活中的应用。

（2）为自己的家打造一个物联网智能化场景，并与同学分享交流。

十一、研学评价

按照《宜昌市中小学研学旅行学生评价实施办法（试行）》的相关规定，细化本课程评价标准，对每名学生给予 A、B、C、D 等级的评价。

十二、研学单位

本课程由宜昌市青少年综合实践学校提供。

基地地址：宜昌市点军区一中路 2 号。

联系人：饶成　　联系电话：15090922860。

智造乐队——Scratch 音乐制作

一、课程名称

智造乐队——Scratch 音乐制作。

二、课程内容

本课将音乐课、信息技术课、物理课与 Scratch 课程融合，选择了编程、编曲、乐器弹奏、乐队汇演这几个方式作为课程的结合点，较好地体现了学科教学和创客教育融合的基本理念。在 PBL 项目式学习的过程中，让学生掌握编程、电子音乐制作等多项创客技能，并在合作探究和问题解决过程中将自己的创意和想法形成物化成果。以期在实践、创新、协作和分享的过程中，促进学生的个性发展。

三、课程目标

（一）价值体认

将创客与音乐相结合，感受 Steam 多学科融合的创新教育情景；感受编程的快乐、弹奏的美妙；在作品分享的过程中体验成功的乐趣，养成科学严谨认真的学习习惯。

（二）责任担当

培养学生团队精神和合作意识，在作品创作的过程中发挥想象力和创造力，提高学生的创新思维和创造能力。

（三）问题解决

学生能够通过自主探究，小组合作学习，利用学习的编程的方法和创意触摸板的基础知识进行音乐创作，灵活运用已学知识解决问题。

（四）创意物化

学生通过已有的器材、运用各种工具进行设计，通过创作、编曲、弹奏，将自己的创意物化成作品，获得良好的"创客"体验。

四、教学重点难点

（一）教学重点

（1）掌握 Scratch 的基本操作，能够使用顺序语句、选择语句、循环语句等编写程序。

(2) 掌握设置键盘按键发出指定声音的方法。

(二) 教学难点

(1) 掌握创意触摸板和 Scratch 的结合方式，自主连接外接电路。

(2) 能够运用已有的素材，发挥创意，自制乐器造型（见图 4-11）。

图 4-11 制作乐器模型

五、课程时长

180 分钟。

六、适合学段

初中年级。

七、研学地点

宜昌市青少年综合实践学校创客教室。

八、配备师资

每班配 1 名导师。

九、研学用具

电脑、创意触摸板、鳄鱼夹、数据线、A4 白纸、锡箔纸、瓦楞纸、木纹纸、电路板飞线、裁纸刀、砂纸、胶水、热熔胶枪等。

十、研学流程

（一）学生分组（2分钟）

将学生分为4—5人一小组，并在每组选择一位同学作为小组组长，小组长主要负责组织活动开展、组内探讨及分享、维护组内课堂纪律、收发清点器材等。

（二）情景引入（5分钟）

播放一段3分钟的视频，视频展示的是利用Scratch编程，结合创意触摸板完成的一些在辅助办公和娱乐方面的应用工具。学生观看视频时，导师根据视频进行讲解。

导师提出问题：声音通过什么发出？看到钢琴键盘了吗？"按键"是通过什么材料做的？这些"按键"和"发声器"如何连接的？

（三）导师指导（15分钟）

导师利用PPT进行知识讲解，介绍工作原理、Scratch界面、基本操作并讲解课堂安全要求等。

（四）任务实施（100分钟）

1. 下发资料

下发评价表、导学单，学生对照评价表完成小组人员分工，选出一名电路工程师、一名软件工程师、一名乐器演奏家等。

2. 编写程序

导师介绍"程序指令分类"和"脚本"。若将"指令"比喻为"积木"，"脚本"就是"搭积木"的过程，将程序可视化，便于学生理解。

学生自学导学单，导师讲授Do这个音的编程思路，引导学生学习运用"控制"和"侦测"指令编写程序编写Do这个音的脚本。导师再通过任务驱动的方式，鼓励学生以小组为单位自主探究音阶的制作，编写剩下的Re、Mi、Fa、Sol、La五个键的脚本，完善音符数值和音调的切换，用键盘和鼠标检查程序是否正确。

导师关注各小组成员的学习情况，确保全员参与学习和讨论，对编写脚本过程中出现的普遍问题进行统一纠正，对学习有困难的小组予以个别指导。

3. 制作乐器造型

小组讨论，选择一种表演乐器，前往制作区，完成绘制草图、测量、切割、黏接、组装等环节，制作乐器造型。

（1）绘制草图。学生在网上查找喜欢的乐器的外形轮廓，然后在导师的指导下绘制出草图。设计的乐器比例尺寸要符合常理。

（2）测量裁剪。学生根据草图在瓦楞纸板上进行测量，并用裁纸刀等工具进行裁剪，边缘不整齐的，可用砂纸进行打磨，避免对边不齐、缝角不平、弧形不流畅等问题。导师示范使用剪刀、热熔胶枪等工具，规定使用工具的人数，强调操作规范和安全事项。

（3）黏结组装。学生利用胶水、热熔胶枪等将裁剪的纸板黏结、组装成型，再用电路飞线、锡箔纸等充当乐器按键，将乐器按键补充完整，并根据小组需要，用木纹纸等进行外观美化、装饰。此环节要求黏结牢固、平整、美观。导师强调安全用电规范，严禁学生自行使用教室内插座。

在学生制作过程中，导师在教室进行巡视指导，保障学生安全操作，并随时解决学生遇到的疑难问题等。

4.连接外接电路

导学单上有连接外界电路的操作步骤，导师可引导学生自学连接外界电路的方法，再利用鳄鱼夹将制作的乐器上的按键和触摸板上的按键一一对应地连接起来。导师要提醒学生连接电路时看清端口，避免损坏触摸板上的硬件。

5.初次弹奏

学生在程序里设置相应乐器的音色。导师提供《小星星》《粉刷匠》或者《丢手绢》等歌曲的简谱，让学生进行演奏，并对学生演奏过程中出现的问题进行检查纠正。

（五）个性创造（30分钟）

各小组自由组合，每两到三个小组组成一个乐队。导师提供难度更大的歌曲曲谱，学生在曲谱中选择歌曲，对所选歌曲中的低音、高音音阶程序进行补充，并针对这首歌进行排练。

导师巡视中注意观察学生的学习情况，及时给予指导。

（六）成果展示（10分钟）

学生展示作品时，分小组展示设计方案，交流构思方法和创新点；分乐队演奏排练好的歌曲。导师根据评分标准给每小组打分。

（七）交流评价（10分钟）

小组内或小组之间分享学习收获、感悟及思考。导师营造学生相互交流的氛围，调动学生主动分享的积极性。各小组通过交流评价找到不足，进一步优化方案，导师对优化方法进行指导。

导师进行一个总体总结，指出缺点和问题，并引导学生改善问题；指出学生的优点，增强学生对科学探讨的兴趣和积极性。

（八）课堂延伸（5分钟）

（1）想一想，我们的乐器，除了用铝箔纸、电路板飞线做琴键，还可以用什么物品来代替？

（2）设想宜昌市残联有这样一位残疾人，他没有手指头，只有一个拳头，我们如何用今天所学的知识以及导师提供的材料帮他做个"定制鼠标"，让他能和正常人一样用鼠标来浏览网页？

导师建立创客交流QQ群，为学生提供学习和交流的平台。针对课后思考题，可在QQ群中和学生进行交流，做到教学相长。

（九）整理归还器材（3分钟）

（1）小组长交叉检查其他小组器材整理情况，若有器材损坏、丢失的情况，报告导师。

（2）每小组派两名同学打扫制作区的卫生，将加工的碎料、污垢、灰尘等打扫干净。

（3）导师检查各小组整理任务完成情况。

十一、研学评价

按照《宜昌市中小学研学旅行学生评价实施办法（试行）》的相关规定，细化本课程具体评价标准，对每名学生给予A、B、C、D等级的评价。

十二、研学单位

本课程由宜昌市青少年综合实践学校提供。

基地地址：宜昌市点军区一中路2号。

联系人：张炎春　　联系电话：18871769943。

探寻风电奥秘 组装风电模型

一、课程名称

探寻风电奥秘 组装风电模型。

二、课程内容

课程充分利用宜昌百里荒风力发电场的资源优势，以雄伟的风车景观引导学生对风力发电进行探究，通过实地参观风电场，认识风、了解风、研究风能的开发利用；通过动手组装风电机组，探索风力发电的原理，感受风能与电能互相转化的奥秘，培养研究兴趣；通过风电能延展介绍水电之都宜昌，培养乡土情怀；通过对火电能、水电能、核电能等对比介绍，加强对清洁能源的认知，提高自然环保意识，提升社会责任感。

三、研学目标

（一）价值体认

通过对风的形成、风与生产生活的密切关系的探究学习，体验探究与生活密切相关元素的乐趣，养成关注身边事物并积极探究的学习习惯。

（二）责任担当

分组组织研学课程探究，培养学生的组织能力、团队精神和合作意识，在讨论探究过程中发挥想象力和创造力，提高学生的主观能动性和创造能力。

（三）问题解决

利用基础知识与日常生活经验，对风在日常生活中的各种现象进行利弊分析和开发利用探究，思考如何应对复杂自然气候变化，如何利用已学知识解决问题。

（四）创意物化

学生通过参观风电场，利用风电模型图组团结协作，动手制作风力发电机，培养独立思考分析判断的能力、动手实践的能力，实现成功发电，并可以将"成果"带回家以作激励。

四、教学重点难点

（一）教学重点

引导学生了解自然风电基本原理，能运用材料动手制作风电小模型。

（二）教学难点

激发学生对风电等清洁能源的兴趣，树立环保意识、低碳生活意识。

五、课程时长

180 分钟。

六、适合学段

小学高年级。

七、研学地点

百里荒风电研学馆、百里荒风电场。

八、配备师资

每个场地每课时 40—50 人，每个课程配备 1 名授课导师、1 名带班教官、1 名区域安全员。

九、研学用具

多媒体教学配套、大型风电教学模型、学生用风电模型。

十、研学流程

（一）学生分组（15 分钟）

（1）10—15 人为一组，一个班级分春、夏、秋、冬四组，选出组长。

（2）组长职能包含维持纪律、合作学习、活动组织、分工明确、交流分享、自评互评。

（二）课程引入（15 分钟）

（1）春夏秋冬四个小组分别讨论，收集有关本组季节的风的相关知识，在讨论结束后选出代表来阐述各小组季节风的相关特征。

（2）课程导师引导学生思考，探究什么是风，风是如何形成的。

（3）课程引入后，由课程导师提出思考性问题，如风在日常生活中有哪些实际作用？什么是风能？风对生活有哪些影响？风能是怎么发电的？还有哪些资源能用来发电？让学生带着问题参观风电场。

（三）参观风电场（30 分钟）

各小组集合，安全员讲解参观风电场的安全注意事项。

由四个小组组长组织各组学生在课程导师引导下有序参观风电场（见图 4-12），对如下问题进行思考：为什么在百里荒建风电场？风电场建设的基本条件是什么？国内哪些地方适合建风力发电场？了解风机外形、运转情况、发电量等知识。

图 4-12 参观

（四）风电探秘（45 分钟）

（1）参观完后，各小组组织学生前往风电研学馆落座，回归到问题研究讨论。

（2）正课环节。针对课前和参观时提出的问题，各小组发言总结，梳理风的形成、风力等级、风力预警及防范、风能开发及利用、风力发电场建设条件、风电能转换原理、其他水能/火能发电能源探究、清洁能源探究等知识体系，激发自主探究兴趣，丰富拓展视野（见图 4-13）。

图 4-13 知识探秘

（五）风电模型组装（45分钟）

（1）各小组组长在导师处根据小组人数领取、分发风电模型。

（2）各小组在课程导师的讲解与指导下动手组装风电机组，组装完成后用发光二极管检验风电机组风电情况。这个过程，要充分发挥学生的积极主动性，鼓励团队合作，相互指导（见图4-14）。

（3）风电模型成果测试与展示。

(a)

(b)

图 4-14　组装

（六）课程回顾与总结（30分钟）

（1）课程导师分小组互动提问，总结梳理课程内容，引导学生学会学习。

（2）各小组讨论发言，总结课程收获，完成风电探秘研学笔记，巩固研学成果。

十一、研学评价

按照《宜昌市中小学研学旅行学生评价实施办法（试行）》的相关规定，细化本课程具体评价标准，对每名学生给予 A、B、C、D 等级的评价。

十二、研学单位

本课程由宜昌百里荒研学旅行基地提供。

基地地址：湖北省宜昌市夷陵区分乡镇百里荒景区。

联系人：袁知锦　　联系电话：17671254866。

第五章 国情教育篇

DIWUZHANG GUOQING JIAOYU PIAN

船说大国重器之葛洲坝船闸体验课

一、课程名称

船说大国重器之葛洲坝船闸体验课。

二、课程背景

葛洲坝水利枢纽工程是我国自行设计、建造和安装的长江上第一座综合性水利工程,也是世界上最大的低水头大流量径流式水电站,是长江三峡水利枢纽的重要组成部分。这一伟大的工程在世界上也是屈指可数的。水利枢纽的设计水平和施工技术,都体现了我国当前水电建设的最新成就。它凝聚着无数建设者的心血,也凝聚着我们中华民族精神!交运长江游轮是宜昌境内唯一可以同时通过葛洲坝船闸和三峡升船机的豪华游轮(见图5-1、图5-2)。

图 5-1 交运长江游轮

图 5-2 观葛洲坝船闸

三、课程内容

学生坐交运长江游轮通过葛洲坝船闸,亲身体验水涨船高、浮水升腾的奇妙感受;了解葛洲坝水利工程建设历程、工程概况、船闸运行原理及建成后的重要地位及历史意义,培养学生民族自豪感,建立民族自信;通过自己动手搭建实验器材,完成连通器原理实验,将理论与实践相结合,了解物理原理在生活中的运用;培养发现问题、探究问题和创新性解决问题的能力。

四、课程目标

（一）价值体认

学生通过乘游轮过葛洲坝船闸，学习葛洲坝水利工程建设历程、工程概况、船闸运行原理及建成后的重要地位及历史意义；培养文化自信感，激发民族自豪感，提升对水利科学的认知及研究兴趣。

（二）责任担当

学生通过合作探究葛洲坝建设对坝区地理环境以及生物资源的影响，增强环境保护的意识和社会责任感，培养团队精神和合作意识。

（三）问题解决

学生通过乘船过船闸，亲身感受水涨船高的过闸过程。导师引导学生思考游轮是怎么通过葛洲坝船闸的。学生通过观察、实验、探究与实际相结合，根据初中物理知识中所学到的连通器原理、阿基米德原理，了解物理知识在生活中的运用。

（四）创意物化

小组根据现场观察体验，发挥想象研究制作连通器实验模型。学生通过小组合作实验，探究阿基米德原理，培养自主观察问题、积极思考的习惯，掌握探究科学的方法及步骤。

五、教学重点难点

学生乘坐游轮过葛洲坝船闸，亲身感受水涨船高的过闸过程。在此过程中，研学导师引导学生思考葛洲坝船闸的通航原理。

过完闸后，学生分组开展连通器原理动手实践课程，通过观察、体验、实践相结合的方式，提高解决问题的能力。

六、研学时长

180分钟。

七、适合学段

初中年级。

八、研学地点

葛洲坝船闸航线段，长江三峡系列游轮。

九、配备师资

每班配备研学导师与学生人数占比不低于1∶50，每位研学导师配备助教一名。

十、研学用具

研学手册、连通器实验器材、游轮朗诵册、互动奖品。

十一、研学流程

1. 课程导入（20分钟）

研学导师为同学们简单讲解课程主要内容、课程目标、课程开展安全注意事项，引导学生阅读研学手册，通过文字图片资料对葛洲坝工程概况有基本了解。研学导师提出本次课堂需要探讨的关于葛洲坝工程的几大核心问题，引发学生的好奇心和求知欲，让学生带着问题积极主动地去探究葛洲坝的建成及游轮通航的知识。

2. 长江环保及水上安全常识（30分钟）

研学导师通过PPT课件介绍长江环保知识及游轮安全设施设备，现场展示救生衣的正确穿戴方法，并为每一位学生分发救生衣，指导学生们分小组现场互助学习正确穿戴救生衣；研学导师与游轮水手现场展示水手结的几种打法，并为每一位学生分发水手结，指导学生分小组学习水手结打法及日常使用方法，带领学生们掌握水上安全急救技能（见图5-3）。

(a)　　　　　　　　　　　　(b)

图5-3　掌握水上安全知识

3. 研学任务实践探究（90分钟）

（1）游轮进葛洲坝。（50分钟）

①游轮即将驶入三江航道，学生于甲板列队，准备近距离观赏葛洲坝（见图5-4），体验水涨船高，现场提问互动（10分钟）。

Q1：游轮一直行驶在长江的主干道上，那为什么会有大江、二江、三江三段江面出现？

Q2：航道两边黑白相间以及红白相间的塔柱有什么作用呢？

②游轮缓缓驶入葛洲坝闸室，研学导师带领学生们一同观察闸室内部结构，让学生们认真观察，完成研学手册观察记录，并思考游轮过闸原理。（10分钟）

(a)   (b)

图 5-4 观赏葛洲坝

Q3：游轮为什么要过船闸呢？我们现在是在长江的上游还是下游？

合作探究一：葛洲坝是如何蓄水防洪的呢？请用文字或示意图的方式进行表述。

③游轮于闸室靠泊固定，观察游船后方，闸门正在缓缓关闭。研学导师引导学生们观察闸门形状。（10 分钟）

合作探究二：船闸的闸门合拢后为什么是呈"人"字形，而不是平整的"一"字形？

④闸室开始注水，游轮随着水位升高而慢慢向上升，研学导师引导学生们观察记录闸室内墙壁上的水位线变化，并让学生们在研学手册上记录观感，思考游轮过闸的科学原理（见图 5-5）。（20 分钟）

(a)   (b)

图 5-5 观察

观察记录 1：过闸前水位_____，升船过闸后水位_____，游轮爬升了_____。

观察记录 2：闸室内墙壁上的凹槽是用来干什么的？

合作探究三：你能画出或说出游轮是如何过闸的吗？

（2）诵读经典，致敬伟人。（15 分钟）

游轮缓缓驶出葛洲坝闸室，同学们在游轮甲板上背倚伟大的葛洲坝工程，朗诵毛主席畅游长江时写下的词《水调歌头·游泳》（见图 5-6）。祖国科技力量的强大触发同学们的民族自豪感。

(a)

(b)

图 5-6　朗诵

（3）游轮经过最美西陵峡，学生们自由观景，欣赏峡谷风光。（25 分钟）

4. 研学成果展示（30 分钟）

（1）研学导师让同学们根据体验中的所观所感，初步归纳总结葛洲坝船闸的过闸原理，同学们先尝试按照观察总结的原理发挥想象制作简易连通器并汇报展示。

（2）研学导师结合葛洲坝船闸原理动画视频和 PPT 课件深入讲解连通器的原理及游轮过闸步骤。

（3）学科知识拓展——阿基米德原理。学生们观看阿基米德原理动画视频，简单了解影响浮力大小的几大因素，计算游轮的最大浮力。

（4）学生们分小组进行阿基米德探究实验，并将实验数据填写在研学手册上，通过分析数据，总结并展示汇报（见图 5-7）。

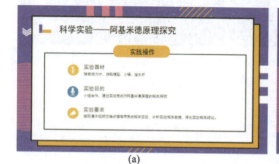
(a)

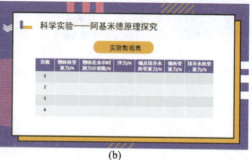
(b)

图 5-7　总结汇报

5. 研学效果评价（10分钟）

研学导师对课堂进行总结，并对学生掌握知识情况进行现场考核，对表现优秀的同学进行嘉奖，邀请其上台分享研学收获。

课后探讨1：葛洲坝船闸是运用什么物理原理进行水位调节以达到保障通航的目的的？

课后探讨2：葛洲坝的船闸是一级，三峡大坝的船闸为什么是五级呢？

课后探讨3：葛洲坝水利枢纽工程的修建有什么意义和作用？

十二、研学评价

按照《宜昌市中小学研学旅行学生评价实施办法（试行）》的相关规定，细化本课程具体评价标准，对每名学生给予A、B、C、D等级的评价。

十三、安全保障

（1）研学团队前往游轮甲板时，研学导师将提前讲解甲板活动安全注意事项；研学助教提前确定场地。学生由带队老师分班级列队、分时段从中厅及两侧楼梯有秩序地上行至甲板。

（2）游轮甲板四周均设有高防护栏，高于成人重心高度。研学助教使用安全警示带在游轮甲板上为研学团队圈出研学指定活动场地，研学导师组织学生们在甲板上分班级列队开展课程。

（3）课程结束后，研学导师统一组织，安排带队老师带领学生们分班级列队、分时段从两侧楼梯有秩序地下行至多功能研学教室。

（4）游轮基地上设有医务室，并备有应急医药箱，内含晕船贴、清凉油等外用药可作应急处理。游轮行进过程中如发生特殊情况，工作人员将立即与港口值班室和相关部门联系，及时将伤者送至周边医疗机构进行救治。

十四、研学单位

本课程由宜昌交运长江游轮研学基地提供。

基地地址：宜昌市伍家岗区沿江大道142号三峡游客中心。

联系人：胡清华　　联系电话：13972607770。

国之重器　世纪大坝——防洪篇

一、课程名称

国之重器　世纪大坝——防洪篇。

二、课程内容

本课程包含理论知识学习及动手实践课堂两部分：理论课通过学习洪水相关知识、中国历代防洪历史认识到洪水给人类的生产生活带来的危害；通过学习三峡工程构造图、观看视频等方式进一步了解三峡工程这一大国重器在解决防洪方面所起到的重要作用。实践课是充满乐趣的动手课堂，可充分发挥同学们的想象力和创造力。

三、课程目标

（一）价值体认

通过视频、PPT 课件等方式，使学生们充分认识到洪水给人类带来的危害，正确了解人与水的关系，初步形成人水和谐的可持续发展观念。

（二）责任担当

通过本节课的防洪主题探究，让学生们学习中华民族坚韧不拔、坚持与洪水作斗争的奋斗精神，培养学生们面对困难善于思考，坚持不懈、不断创新的精神以及解决问题的能力。

（三）问题解决

通过学习水运动原理，让学生们了解水循环规律以及人类生活生产活动和河流之间的相互影响，并思考如何运用所学知识趋利避害，将水患转变成水利，形成洪水与生活相互影响的主题报告（见图 5-8）。

（四）创意物化

针对主题报告中的解决措施与方案，引导学生们创意设计与制作洪峰曲线图、单位时间降雨量图、环保宣传图等。

四、教学重点难点

（一）什么是洪水

通过图片和视频，向学生解释洪水的概念。

图 5-8　学习水原理

（二）长江洪水形成的原因

通过图片和视频，向学生阐述长江洪水形成的原因。

（三）山峡水利枢纽工程如何防洪

通过动图和图片演示，向学生展示山峡工程的防洪功能，使学生知晓拦洪、错峰、削峰等知识。

五、课程时长

90 分钟。

六、适合学段

小学高年级。

七、研学地点

基地多功能场馆。

八、配备师资

每班配 1 名研学导师。

九、研学用具

PPT 课件、三峡工程纸模、研学包、书签、研学手册、奖励徽章、奖励贴纸、奖励笔记本、奖励水笔。

十、研学流程

1. 课程导入

研学导师通过 PPT 课件介绍长江概况，设置 2—3 个问题进行现场互动。（5 分钟）

问题一：中华民族的母亲河是什么？

问题二：按长度排名，长江在世界排名第几？在中国排名第几？

问题三：长江流经哪几个省、直辖市、自治区？

2. 学习人与水的关系

（1）长江带给两岸人民的便利，设置 2—3 个问题进行现场互动。（3 分钟）

（2）通过视频播放向学生们展示长江洪水给两岸人民带来的灾难，理解中华民族追求人水和谐的动力和深层次原因，设置 1—2 个互动问题。（4 分钟）

3. 认识洪水，提出问题

（1）洪水形成的原因。（3 分钟）

问题：水是怎样在地球上循环的？

（2）河流洪水的类型。（2 分钟）

（3）长江洪水的特点。（2 分钟）

（4）如何实现人水和谐。（2 分钟）

4. 解决问题：三峡工程的主要作用

（1）通过习近平总书记对三峡工程的评价，引导学生们了解大国重器的意义，通过实景图带领学生们了解三峡工程的结构（见图 5-9）。（2 分钟）

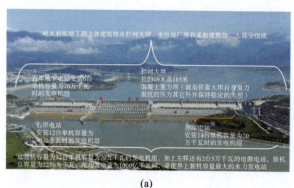
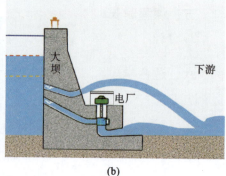

(a)　　　　　　　　　　　　　(b)

图 5-9　大国重器

（2）通过视频了解三峡工程的主要作用。（5 分钟）

（3）通过动图演示向学生们展示三峡工程的具体防洪措施和方法，了解三峡工程的防洪作用。（2 分钟）

（4）通过动画视频为学生们总结三峡工程概况及效益。（5 分钟）

5. 动手课堂（55 分钟）

1）纸模拼装

（1）播放纸模拼装视频。（1 分钟）

（2）导师公布动手课堂比赛规则。（1 分钟）

（3）在导师带领下进入指定地点，分小组领取纸模，按照拼装示意图进行小组拼装。（20 分钟左右）

（4）导师对小组完成的作品进行点评，为冠军小组颁发奖品并合影留念（3 分钟），拼装流程见图 5-10。

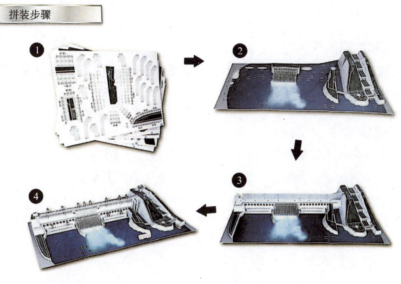

图 5-10　拼装流程

2）制作洪峰曲线图、单位时间降雨量图（6 分钟）

（1）研学导师讲解洪峰曲线图、单位时间降雨量图的制作方法。（1 分钟）

（2）研学导师发放制图工具及纸张。（1 分钟）

（3）研学导师报洪水年份降雨量数据，指导学生绘制洪峰曲线图、单位时间降雨量图。（4 分钟）

3）制作环保宣传图（24 分钟）

（1）研学导师公布制图规则。（1 分钟）

（2）学生在研学导师带领下进入指定地点，分小组领取绘图工具及纸张，按照拼装示意图进行小组拼装，见图 5-11。（20 分钟左右）

（3）研学导师对小组完成的作品进行点评，为冠军小组颁发奖品并合影留念，见图 5-11（3 分钟）。

图 5-11　制作环保宣传图

十一、研学评价

按照《宜昌市中小学研学旅行学生评价实施办法（试行）》的相关规定，细化本课程具体评价标准，对每名学生给予 A、B、C、D 等级的评价。

十二、研学单位

本课程由三峡大坝研学基地提供。

基地地址：湖北省宜昌市三峡坝区江峡大道十三小区五号楼。

联系人：邓玉娥　　联系电话：13972577594。

寻访百年川汉路　重温峥嵘国防史

一、课程名称

寻访百年川汉路　重温峥嵘国防史。

二、课程内容

少年兴，则国兴；少年强，则国强。学生是祖国的花朵，祖国的希望，学生的国防教育是全民教育的基础内容，同时也是实施素质教育的重要部分。本课程注重理论与实践的结合，通过军事化教育、爱国主义教育、军事训练体验、近现代史的重温以及近距离参观武器装备、徒步行军等一系列内容，培养同学们的团结精神，增强同学们的军事素养，激发同学们的爱国情怀，促进同学们德智体美劳全面发展，为扩大国家后备军团奠定基础（见图5-12）。

图 5-12　实践

三、课程目标

（一）价值体认

引导学生重温中国近百年发展史，让学生了解中国共产党及伟大祖国的发展历程。

（二）责任担当

通过参观武器装备，讲解战争故事，激发学生的爱国之情及民族自豪感。

（三）问题解决

提高学生对"百年之路"真正含义的认识，将艰苦奋斗的革命精神落实到学习中去，为中华民族伟大复兴而努力学习。

（四）创意物化

通过穿越丛林的徒步行军，发扬不怕苦、不怕累的革命精神，并运用到日常的学习、生活中。

四、教学重点难点

注重理论与实践相结合，通过爱国主义教育、军事训练体验、重温近现代史、近距离参观武器装备、徒步行军等一系列内容，培养学生的团结精神，增强学生的军事素养，激发学生的爱国情怀，促进学生德智体美劳全面发展。

五、课程时长

180分钟。

六、适合学段

初中年级

七、研学地点

兴山县高岚朝天吼国防教育基地。

八、配备师资

以班级（每班50人）为单位设置1名研学导师、1名教官、1名安全员。

九、研学用具

扩音器、投影仪。

十、研学流程

（一）课程导入

集体奏唱国歌，由"中国铁路之父"的故事引出川汉铁路遗址，带领学生们一起回顾近百年来由此条铁路引发的一系列重大历史事件（见图5-13）。（20分钟）

（二）课程初探

（1）讲解中华人民共和国国旗、国歌、国家制度，对学生们进行爱国主义教育。邀请学生以"我与国歌、国旗……"为题目，讲述自身故事。同龄人的分享与感悟更能使学生们产生共鸣。授课导师结合当下中国形势政策,讲述热点话题,学生们参与讨论并发表见解。

（2）介绍国防教育基地内陈列的中华人民共和国成立后自主生产的武器装备的名称、操作、零件、来历等,并且讲述这些装备背后隐藏的英雄人物和历史战役。（40分钟）

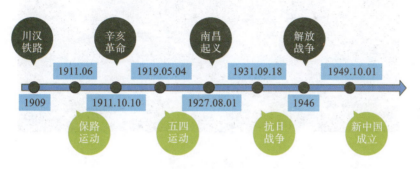

图 5-13　历史事件

（三）实操实践

学生们在教官指导下有序地进行武器的现场操作和模拟装备的驾驶体验,并发表感言（见图 5-14）。（60 分钟）

（四）穿越丛林

组织学生徒步穿越基地内 2000 米长的丛林栈道。（40 分钟）

(a)

图 5-14　体验

(b)

续图 5-14

（五）总结分享

各班依次推选学生代表进行课程学习体会及心得分享，并思考如下问题。（20分钟）

（1）在和平年代，为什么我们还要重视国防军事？

（2）结合新冠肺炎疫情蔓延后全球各个地区的应对以及成效，让同学们感受到中华人民共和国政治制度的优越性，深化同学们的爱国主义情怀。

十一、研学评价

按照《宜昌市中小学研学旅行学生评价实施办法（试行）》的相关规定，细化本课程具体评价标准，对每名学生给予A、B、C、D等级的评价。

十二、研学单位

本课程由兴山县高岚研学基地提供。

基地地址：宜昌市兴山县水月寺镇高岚村一组。

联系人：李晓陵　　联系电话：13872508410。

宜昌市研学旅行课程建设纪事

工作推进

▶ 2019 年 3 月 13 日，专题研讨会召开，全面推进研学旅行人才保障和课程建设工作，进一步提升研学实践教育服务质量

▶ 2020 年 6 月 3 日，"政校行企多维联动，双元共育研学人才"研学旅行工作调研会召开

▶ 2020年12月26日,三峡旅游职业技术学院获"1+X职业技能等级证书"师资培训基地和考核站点两项授牌

▶ 2020年12月30日,"宜昌市研学旅行研究员"聘任仪式

▶ 2020年12月30日，宜昌市研学旅行课程评审会召开

▶ 2021年8月2日，宜昌市研学旅行精品课程建设工作推进会召开

研学导师培训

▶ 2019年3月21日，宜昌市第一期研学导师培训班开班

▶ 2019年3月31日，宜昌市第二期研学导师培训班开班

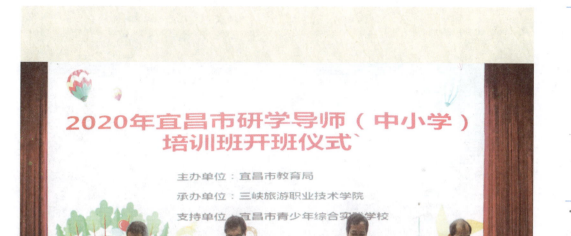

▶ 2020年1月2日，宜昌市第三期研学导师培训班开班

▶ 2020年7月16日，宜昌市研学旅行课程开发培训班开班

▶ 2020年8月9日,宜昌市第二期课程开发及线路设计培训班开班

▶ 2020年9月12日,"1+X研学旅行策划与管理职业技能等级证书(初级)"师资培训班在宜昌市三峡旅游职业技术学院开班

▶ 2020年9月26日,宜昌市第四期研学导师培训班开班

课程设计暨研学导师才艺展示

▶ 2021年3月9日,宜昌市教育局、文化和旅游局联合举办第一届研学旅行课程设计暨研学导师才艺展示活动

▶ 研学旅行课程设计颁奖仪式

▶研学导师才艺展示颁奖仪式

▶研学导师进行课程设计展示 1

▶研学导师进行课程设计展示 2

▶研学导师进行才艺展示 1

▶ 研学导师进行才艺展示 2

基地指导

▶ 2020年7月19日,研学旅行研究员指导地质科普研学课程开发

▶ 2020年7月31日,研学旅行研究员指导国家柑橘公园研学基地课程建设

▶ 2021年5月9日，研学旅行研究员指导九凤谷研学基地课程建设

▶ 2021年5月10日，研学旅行研究员指导龙舟研学课程开发

▶ 2021年7月18日，研学旅行研究员指导茶文化研学课程开发

▶ 2021年7月19日，研学旅行研究员指导农耕文化课程开发

研学活动集锦

▶ 西藏学生三峡行

▶ 新疆学生三峡行

▶ 新疆学生三峡行

▶ 宜昌万名学生红色行

▶ 宜昌学生上海行

▶ 宜昌学生武汉行

附　录

宜昌市中小学研学旅行学生评价实施办法
（试行）

为贯彻落实国家、省市关于推进中小学生研学旅行工作要求，依据《关于推进中小学生研学旅行的意见》（教基一〔2016〕8号）、《中小学综合实践活动课程指导纲要》（教材〔2017〕4号）、《湖北省中小学生研学旅行试点实施意见》（鄂教基〔2017〕10号）精神，现结合我市实际，制定宜昌市中小学研学旅行学生评价实施办法。

一、指导思想

充分发挥教育评价的育人功能和杠杆作用，培养学生社会责任感、创新精神和实践能力，落实立德树人根本任务。探索建立全市中小学研学旅行学生评价机制，规范研学旅行课程实施，引导研学旅行发展，提升研学旅行效果。

二、评价原则

研学旅行是以中小学生为主体，以集体旅行生活为载体，以提升学生素质为目的，依托旅游吸引物等社会资源，进行体验式教育和研究性学习的一种教育旅游活动。研学旅行重在激发学生对党、对国家、对人民的热爱之情，引导学生主动适应社会，促进书本知识和生活经验的深度融合。根据研学旅行的特点，宜昌市中小学研学旅行学生评价应遵循以下原则。

（一）**全程性原则**。评价要贯穿学生研学旅行全过程。

（二）**全员性原则**。评价要覆盖参与研学旅行的所有学生。

（三）**实践性原则**。评价要注重对学生实践参与度与实践能力的评价。

（四）**客观性原则**。评价要关注学生的研学过程，客观、公正地对学生进行评价。

（五）**发展性原则**。评价要鼓励学生的优点和进步，用发展的观点和视角去评价学生。

三、评价组织

宜昌市中小学研学旅行学生评价在宜昌市教育局及相关成员单位的指导下开展，由各级教育行政主管部门统一管理，研学基地、旅行社统一组织，研学导师具体实施，对所有在宜昌市研学旅行基地参加研学的学生进行评价。

四、评价体系

（一）评价内容

宜昌市中小学研学旅行学生评价内容主要包括如下几个方面。

一是知识与技能。包含收获知识、探索发现、组织策划、沟通协作、表达倾听、观察欣赏等方面的评价。

二是过程与方法。包含查阅资料、实地观察记录、调查研究、整理材料、处理数据、运用工具等方面的评价。

三是态度与行为。包含时间观念、秩序意识、礼仪规范、环保表现、语言文明、团队协作、责任意识、增强体魄、磨炼意志等方面的评价。

四是成果与创新。包含创意作品、研究报告、反思体会等学习成果和创新思维、创新能力等方面的评价。

研学导师要根据评价内容，制定每一门研学课程的具体等级评价标准，并在课程中向学生准确传达。在评价实施的过程中，可以结合课程内容，重点从某一方面或几个方面对学生进行评价。

（二）评价主体

宜昌市中小学研学旅行学生评价的主体为研学基地、旅行社的研学导师。基地的研学导师主要评价学生的课程学习情况，旅行社的研学导师主要评价学生研学过程中的生活表现情况。

（三）评价方式

学生参与研学旅行既是一个短期的集体行动，也是一个长期的学习过程。结合宜昌市中小学研学旅行发展的实际，研学旅行学生评价采用如下方式。

1. 一课程一评价

一次研学旅行活动包含多门研学旅行课程，每门研学旅行课程都应对学生进行评价。学生在整个研学旅行过程中的"生活表现"视作一门课程，即生活课程，内容包括时间观念、秩序意识、语言文明、礼仪规范等。一门课程研学完毕后，研学导师根据评价内容和标准，为每一名参与的学生评定等级，其中A等（优秀，80分以上）、B等（良好，70至79分）、C等（合格，60至69分）、D等（有待提高，60分以下）。

2. 一研学一报告

一次研学旅行结束后，学生可以获得评价报告单。评价报告单中呈现学生本次研学旅行各门研学课程的评价等级和综合评价等级，其中综合评价等级由各门课程的评价等级折算而来。

3. 一学生一档案

为每一名参与研学旅行的学生建立电子档案袋。每一次研学旅行的评价报告单都装入学生的电子档案袋中。

（四）评价手段

为克服研学旅行时间集中、学生人数众多等给评价实施带来的困难，宜昌市借助信息化工具来进行中小学研学旅行学生评价。

1. 开发在线评价系统

依托三峡宜昌研学旅行网（http://www.sxycyxlx.com/），开发在线评价系统。在线评价系统可自动生成学生评价报告单，并将评价报告单存入学生电子档案袋中。评价报告单和电子档案袋可供学校、学生随时查阅和下载。

2. 评价数据移动录入

研学导师通过手机、平板电脑等移动设备访问三峡宜昌研学旅行网，及时将评价数据录入在线评价系统。

（五）评价流程

1. 学生编号管理。学生正式开始研学旅行前，由学校以班级为单位，将学生按顺序编号，并将学生信息按照规定的格式导入三峡宜昌研学旅行网。学生信息一般包括省市县名、学生编号、姓名、性别、学籍号、身份证号、就读学校、就读年级等。旅行社在三峡宜昌研学旅行网下载学生信息，按照编号制作号码牌，并引导学生在研学旅行时将号码牌佩戴在合适的位置。

2. 研学导师评价。研学基地的研学导师根据每门课程具体的评价标准，按照编号对学生课程学习的情况进行等级评定。一次研学旅行结束后，旅行社的研学导师根据生活课程具体的评价标准，按照编号对学生的生活表现进行等级评定。

3. 最终等级评定。学生完成一次研学旅行后，在线评价系统根据研学导师评定的等级进行成绩的换算和处理，按照A、B、C、D四个等级，自动计算评定学生一次研学旅行的综合评价等级。综合评价等级不设比例限制。

4. 结果查询与打印。学生登录三峡宜昌研学旅行网的在线评价系统后，即可进入自己的研学旅行评价电子档案袋，可查看自己在宜昌市范围内参加的所有研学旅行的评价结果，可以下载和打印每次研学旅行的评价报告单。

五、评价结果运用

研学旅行学生评价是学生参与研学旅行活动的重要记载，宜昌市将评价结果作为学生综合实践活动课程评分的重要依据，纳入学生综合素质评价。

宜昌市青少年综合实践学校

三峡旅游职业技术学院

2020年7月12日

附件1：宜昌市中小学研学旅行课程评价标准（研学基地课程）

等级标准	等级评定	计分
1. 知识理解、技能娴熟 2. 过程流畅、方法最优 3. 态度积极、行为得体 4. 成果完整、创新突出	A等，优秀	80分以上
1. 知识了解、技能掌握 2. 过程完成、方法合适 3. 态度平淡、行为得体 4. 成果完整、局部创新	B等，良好	70—79分
1. 知识了解、技能了解 2. 经历过程、尝试方法 3. 态度消极、行为粗暴 4. 尝试制作、没有创新	C等，合格	60—69分
未能积极参与课程学习	D等，有待提高	60分以下

宜昌市中小学研学旅行课程评价标准（生活课程）

等级标准	等级评定	计分
1. 遵守作息时间，从不迟到早退 2. 秩序意识强，能协助维持秩序 3. 语言文明，能与他人友善沟通 4. 礼仪得体，展现中小学生良好形象	A等，优秀	80分以上
1. 遵守作息时间，偶尔迟到早退 2. 秩序意识强，能保证自己不违反秩序 3. 语言文明，能与他人顺利沟通 4. 礼仪得体，符合中小学生身份	B等，良好	70-79分
1. 不遵守作息时间，多次迟到早退 2. 有秩序意识，但仍然不时违反秩序 3. 语言直接，偶尔引起他人误会 4. 未注意礼仪，对自我礼仪要求较低	C等，合格	60-69分
1. 不遵守作息时间，总是迟到早退 2. 秩序意识薄弱，经常违反秩序 3. 语言粗暴，易与他人起争执 4. 礼仪不当，不符合中小学生身份	D等，有待提高	60分以下

附件2：中小学研学旅行学生基本信息登记样表（宜昌市）

学校编号：_____

____省____市____县（区）____学段____学校____年级____班级

学生编号	姓　名	性　别	学籍号	身份证号

附件3：中小学研学旅行学生评价报告单（宜昌市）

学生信息			
姓　名		学籍号	
就读学校		就读年级	

研学成绩			
研学时间	研学基地	课程名称	评价等级
	生活课程评价等级		
本次研学最终评价等级			